高校混合式教学改革与创新

郭 娟◎著

中国商务出版社
CHINA COMMERCE AND TRADE PRESS

图书在版编目（CIP）数据

高校混合式教学改革与创新 / 郭娟著. -- 北京：中国商务出版社，2022.11
ISBN 978-7-5103-4550-0

Ⅰ. ①高… Ⅱ. ①郭… Ⅲ. ①教学改革－研究－高等学校 Ⅳ. ①G642.0

中国版本图书馆CIP数据核字(2022)第227199号

高校混合式教学改革与创新
GAOXIAO HUNHESHI JIAOXUE GAIGE YU CHUANGXIN

郭娟 著

出　　　版：	中国商务出版社
地　　　址：	北京市东城区安外东后巷28号　邮　编：100710
责任部门：	外语事业部（010-64283818）
责任编辑：	李自满
直销客服：	010-64283818
总 发 行：	中国商务出版社发行部（010-64208388　64515150）
网购零售：	中国商务出版社淘宝店（010-64286917）
网　　　址：	http://www.cctpress.com
网　　　店：	https://shop162373850.taobao.com
邮　　　箱：	347675974@qq.com
印　　　刷：	北京四海锦诚印刷技术有限公司
开　　　本：	787毫米×1092毫米　1/16
印　　　张：	10.75　　　　　　　　　　　字　数：222千字
版　　　次：	2023年5月第1版　　　　　　　印　次：2023年5月第1次印刷
书　　　号：	ISBN 978-7-5103-4550-0
定　　　价：	56.00元

凡所购本版图书如有印装质量问题，请与本社印制部联系（电话：010-64248236）

版权所有　盗版必究　（盗版侵权举报可发邮件到本社邮箱：cctp@cctpress.com）

前 言

随着网络信息技术的高度发展以及教育理念的不断更新,传统的教学模式应用越来越难以满足社会对优秀人才的大量需求,也难以满足高校对于学生个性化发展及综合素质培养的要求。混合式学习作为一种能将线上学习以及线下传统课堂教学优势相结合的学习模式,越来越受到教育界的关注,高校对于混合式教学的研究成为教育教学改革的热点以及重要发展方向。

鉴于此,笔者撰写了《高校混合式教学改革与创新》一书,在内容编排上共设置六章:第一章作为本书论述的基础和前提,分析混合学习及其发展趋势、混合式教学的理论支撑、高校混合教学的改革;第二章探讨高校混合式教学的体系建设;第三章是高校混合式教学系统与网络平台支撑,内容涵盖混合式教学系统的优势、混合式教学系统的技术、混合式教学系统中的网络教学平台;第四章以高校混合式教学在不同学科中的改革为依据,探讨高校语文学科、英语学科及物理学科的混合式教学改革;第五章阐述高校混合式教学的模式改革与设计创新;第六章突出性,分别从"互联网+"教育时代的混合式教学、基于微课的高校混合式教学创新实践、基于慕课的高校混合式教学创新实践三个方面研究了信息化时代下高校混合式教学创新的实践。

本书内容翔实、结构科学、语言严谨、逻辑清晰,且知识点全面。在分析混合式学习模式的教学应用时,结合实际情况提出了具体的应用策略,具有较强的实用性。让读者在学习基本方法和理论的同时,注重实践,有助于推动高校混合式教学的改革与创新发展。

笔者在撰写本书的过程中,吸收借鉴了前人的优秀研究成果,形成了自己的观点,也就一些有争议的问题请教了相关的专家,以期本书能够为高校教学研究事业贡献自己的力量。但是由于笔者水平有限,加之时间仓促,书中所涉及的内容难免有疏漏之处,希望各位读者多提宝贵意见,以便笔者进一步修改,使之更加完善。

目 录

第一章 绪论 ·· 1

第一节 混合学习及其发展趋势 ··· 1

第二节 混合式教学的理论支撑 ··· 6

第三节 高校混合式教学的改革分析 ······································ 13

第二章 高校混合式教学的体系建设 ··· 16

第一节 混合式教学的特征与要求 ··· 16

第二节 混合式教学服务体系构建 ··· 21

第三节 混合式教学中高校智慧教室建设 ································ 27

第三章 高校混合式教学系统与网络平台支撑 ······························ 30

第一节 混合式教学系统的优势体现 ······································ 30

第二节 混合式教学系统的技术支撑 ······································ 32

第三节 混合式教学系统中的网络教学平台 ···························· 37

第四章 高校混合式教学在不同学科中的改革 ······························ 65

第一节 高校语文学科的混合式教学改革 ······························· 65

第二节 高校英语学科的混合式教学改革 ······························· 67

第三节 高校物理学科的混合式教学改革 ······························· 77

第五章 高校混合式教学的模式改革与设计创新 ... 83

第一节 基于网络学习空间的混合式教学模式 ... 83

第二节 线上线下混合式教学的模式改革与设计 ... 86

第三节 高校混合式教学的督导模式的创新探索 ... 90

第六章 信息化时代下高校混合式教学创新实践 ... 93

第一节 "互联网+"教育时代的混合式教学 ... 93

第二节 基于微课的高校混合式教学创新实践 ... 108

第三节 基于慕课的高校混合式教学创新实践 ... 112

参考文献 ... 164

第一章 绪论

第一节 混合学习及其发展趋势

一、混合学习的认知

"混合学习"来自英文"Hybrid Learning",但国内大多数学者采用"Blended Learning"一词,也称作"Blending Learning",其中文翻译为"混合学习""混合式学习""融合性学习"等。混合学习虽然属于教育领域中新近出现的术语,但是作为一种学习理念,它其实早已存在。

早期的混合学习是指在远程教育中将技术与传统教育或者培训相结合的一种方法,常用于描述多种学习实践活动,包括传统研讨会中的远程会议、传统课程中学习者之间的电子邮件联系、传统研讨会中的多点电视广播等。混合学习也用以描述学习过程中不同传递途径的学习方式,如协同软件、基于 Web 的课程、电子绩效支持系统(EPSS)和知识管理实践等,以及教学中混合不同基于事件的活动,包括面对面的课堂学习、实时的电子学习和自定步调的学习。通常而言,混合学习指基于在线学习和面对面学习两种学习模式的组合,是在线学习(E-learning)与课堂学习(C-learning)的结合体。

(一)混合学习的模式类别

混合学习模式是指为了达到教与学的目标,综合考虑 C-learning 与 E-learning 的优势,根据学习内容、学习者的需要以及学习者的自身条件选择并利用多种学习方式,以达到让任何人在任何时间、任何地点,以任何媒体教材,通过任何方式手段和任何途径,学习任何知识,并与任何人做任何形式的交流学习。混合学习模式可以看作是宏观、中观和微观三个层面的混合。

从宏观层面来看,混合学习模式是 C-learning 和 E-learning 两种教学形态及相关理论的混合。其中,C-learning 是指传统课堂教学,它以面对面的知识传授为主要特征,便于师生之间的情感交流,有利于基本概念、原理、规律及事实性知识的传授,有利于教师监控教学进程以及学习者对知识的系统掌握。E-learning 是指在线学习或网络学习,即在教育领域建立互联网平台，学习者通过 PC 上网，通过网络进行学习的一种全新学习方式。C-learning 和 E-learning 混合的主要目的是要发挥各自的优势，做到取长补短、优势互补。

从中观层面来看，混合学习模式是多种学习方式的混合，可以包括典型的讲授式学习、自主学习、合作学习和研究性学习等多种支持学习的学习方式的混合。不同学习方式和方法的选择可以根据教学内容、教学目标、学习者的特征等来做判断和决定。

从微观层面来看，混合学习模式涉及多种媒体教材的混合使用。例如，传统媒体、视听媒体和网络媒体的混合使用。

1. 技能驱动模式

技能驱动学习将学习者自定步调的学习与教师或促进者结合在一起，以支持和发展特定的知识或技能。学习者与教师或促进者之间主要通过电子邮件、论坛、自定步调的面对面学习进行交互，如基于网络的课程和书籍等。该模式类似于化学反应，学习者与教师或促进者的交互对实现预期的反应（学习）来讲，可视为一种催化剂。与技能驱动混合学习有关的技巧包括：①制订明确的小组学习计划；②教师参与指导开始和结束部分；③利用同步学习实验室提高学习者的技术操作能力；④通过电子邮件为学习者提供支持。

2. 能力驱动模式

能力驱动模式指的是学习者与教育教学专家共同通过在线互动活动形式，获取隐性知识的方法。隐性知识的获取和学习非常适合采用能力驱动模式，该模式主要通过学习者与教师在线沟通、交流、讨论等非正式交流而获取知识。因此，这种模式包括学习者与教师、学习者与学习者之间实时在线交流活动，并通过在线交流工具进行探讨互动，对问题进行反思，从中感悟知识。知识工作者的成功依赖于职员在工作场所中做出决策的速度。虽然决策过程部分受基本事实和工作原则的指导，但是人们通常需要依赖专家所具备的隐性知识。该过程主要通过在工作中进行观察和与专家进行交流的方式获取隐性知识，包括在线绩效支持工具和实时导师的共同活动。

3. 混合学习循环模式

典型的混合学习是由八个部分（组件）组成的循环过程，它们的作用具体如下：

第一个组件："确定组织目标"。"确定组织目标"用于确定开展混合学习的学习目标。

第二个组件："确定所需的绩效（业绩）"。"确定所需的绩效（业绩）"明确通过混合学习应该取得怎样的学习绩效。

第三个组件："选择传递培训或者学习的方法"。"选择传递培训或者学习的方法"主要需要考虑两方面的内容：①考虑可供选择的传递手段，如在线、课堂、视频、技术支持、电子绩效支持、组合、自我指导、教师指导、协商、同步、异步和实况 E-learning 等；②考虑与传递手段相关的因素，如存取、成本、教学模式、交流、用户友好、组织授权、新奇性和速度。

第四个组件："学习设计"。在学习者分析的基础上，设计开展混合学习的过程、学习内容、评价方式、效果预测等。学习设计的结果即形成学习计划。参与人员包括课程专家、教育专家和技术专家。

第五个组件："计划改变及其支持策略"。"计划改变及其支持策略"用于确定当改变学习计划时，需要怎样的支持策略。

第六个组件："实施学习计划"。"实施学习计划"指混合学习的实施过程。

第七个组件："学习评价"。"学习评价"是针对混合学习的学习效果进行评价，评价的方法包括诊断性评价、形成性评价和总结性评价。

第八个组件："学习修订"。根据学习评价的结果，对学习过程进行修订，并且根据修订的结果，重新进入第一个组件，重复上述流程。

4. 行为/态度驱动模式

行为/态度驱动模式是指把传统的面对面学习和网络协作学习结合起来进行学习的模式。该模式混合了传统的基于课堂的学习和在线协作学习。协作学习的主要组成要素——内容属性以及期望成果（形成态度与行为），可以通过面对面交流或基于技术的协作得到加强。开发者可以在一个安全的环境中利用该模式帮助学习者掌握新的行为。例如，行为驱动模式可用于角色扮演的绩效评价、与客户沟通的软技能课程。开发者应将活动融入学习过程中，如论坛、网络研讨会、小组计划和利用聊天模块的在线辩论等。

（二）混合学习的应用现状

考察混合学习的应用现状，需要将视角转移到 E-learning 学习领域。E-learning 的应用领域非常广泛，包括基础教育、高等教育、继续教育、终身学习、商业、培训等领域。E-learning 的服务方式也多种多样，有计算机辅助学习、计算机辅助培训、计算机支持的协作学习、技术增强的学习等。E-learning 的技术有通信技术、学习管理（学习内容管理）系统、计算机辅助评价和电子绩效支持系统（EPSS）。

不同的问题需要不同的解决方案，即采用不同的混合媒体与传递手段。随着人们对学习研究的不断深入，一种相比 E-learning 更有效、更灵活的学习——混合学习逐渐进入人们的视野，掀起了一股混合学习研究的热潮，使得混合学习大有替代 E-learning 的趋势。因此，"混合学习可以有效地替代 E-learning"的观点被提出。其实，混合学习意味着学习过程可以同基于网络的技术（如虚拟课堂实况、协作学习、流媒体和文本）相结合

（或者混合），以实现某一教学目标；可以同多种教学方式（如建构主义、行为主义和认知主义）和教学技术（或者非教学技术）相结合，共同实现最理想的教学效果；也可以同任何形式的教学技术（如视频、基于网络的培训和电影）、基于面对面的教师教学培训方式相结合；还可以同教学技术、具体的工作任务相结合，以形成良好的学习或工作效果。

目前，混合学习在培训领域的应用得到了认可。许多非学历机构，如华尔街英语、中国人民高校工商管理网络研修班等采用混合方式对学生进行培训，积累了丰富的经验，取得了很多成绩。例如，在中国台湾地区早期的远程教育中已经出现混合学习的雏形，培训机构或者空中高校除了提供电视或电台广播以外，还增加了面对面的课堂教学环节，帮助学生进行重点复习和解答学生学习中的疑难。中国台湾地区的"数位学堂"就是利用混合学习的一个典型实例。"数位学堂"通过建立类似网吧的学习中心，为学生提供集体学习环境，并以升学考试辅导为宗旨，采取在校学习与网上补习相结合的混合学习形式，吸引了大批学生参与学习过程。

近年来，国内学者对混合学习进行了大量的研究和试验，其中包括在学校教学、教师培训以及企业员工培训中运用混合学习模式增强教学效果，改进培训投入与产出比率，提高学习者的满意度等。在基础教育中，一线教师们根据课程和班级的特定问题和情况，积极开展各项教学改革试验，利用混合学习促进信息技术与课程的深度整合。在高等教育中，由于学生大多具有一定的专业背景和相对较强的自学与思考能力，其混合学习通常采用课堂环境下的课程教学和参与在线学习共同体的方式进行。此外，混合学习还在各种层次的教师培训中发挥重要的作用，为职前或在职教师专业化发展提供了更加灵活和行之有效的途径和方法。

二、混合学习的发展趋向

随着互联网的普及以及新型学习理论的发展，虽然仍难以看到混合学习未来的具体形态，但是，由于混合学习所具有的改进教学方法、增加访问灵活性和提升成本效益的特性，混合学习在教育中的应用将日益广泛。"混合式教学为当前课堂教学改革提供了一种延续性创新的新思路"[1]。由于混合学习发展迅速并且无处不在，未来甚至可以不用"混合"而直接将其称之为学习。在混合学习应用领域，当前的任务是如何创建和积累有效融合面对面和基于计算机通信技术要素的混合学习经验。混合学习发展趋向的具体内容如下：

---

[1] 李逢庆. 混合式教学的理论基础与教学设计 [J]. 现代教育技术, 2016, 26 (9): 18.

第一，移动混合学习的出现。移动和手持设备的大量应用将为混合学习构建丰富和有趣的应用方式。

第二，可视化、个体化和实践性学习将会得到强化。混合学习环境将会提升个性化，尤其强调可视化和实践性活动。

第三，混合学习中将由个体确定学习过程。混合学习可以很好地培养学习者对学习的责任。由学习者而不是由教师和教学设计者确定混合学习的类型和形式。学习者将决定他们自己的学习过程和将获得的学位。

第四，提升混合学习的连接性、社群性和合作性。混合学习为合作、社群构建和全球化联系开拓了新的途径，它将作为提高国际理解和欣赏的一种有效工具。

第五，提升学习的真实性和实现按需学习。混合学习以真实性和真实世界的经验为核心，能够补充、拓展、增强和替代正式学习。在混合学习过程中，可以更好地开展诸如在线案例学习、情境学习、角色扮演和基于问题的学习。

第六，在学习和工作之间建立连接。随着混合学习的应用，混合学习和正式学习之间的界限将变得非常模糊。高等教育学位教育的学分可以在工作中获得，有些甚至能够与工作绩效联系起来。

第七，学习时间的可改变性。学习时间、教学日历应用的准确性和预设性将会降低。

第八，按照一定的任务设计混合学习课程。能够根据混合学习的路径和选择设计课程和学习过程。

第九，教师角色发生改变。混合学习环境中的教师或培训师将会成为导师、教练或者咨询师。

第十，形成面向混合学习的专门领域。将出现与混合学习相关的专业或者课程，包括教学证书、学位、资源或者门户等。

由此可见，混合学习的发展趋向中，有些已经出现或正在形成。例如，移动混合学习，类似安卓、iOS 移动操作系统等的应用，形成了良好的支撑移动混合学习的平台，为构建面向学历教育、在职培训、专业发展课程等需要的移动混合学习奠定了坚实的基础。未来，强大计算和通信功能将可能融合到一个可随身携带的手持式网络化多媒体设备中。手持式设备将通过记录我们周围的地点、天气、人物、知识甚至思维等集成情境感知功能来改变日常生活。移动技术正在对学习产生重要的影响，学习将更大程度地迁移到教室之外，进入学习者的真实环境和虚拟环境中。移动技术将使学习环境、学习资源和其他学习者建立紧密的联系。手持技术最突出的特点是便携、实时、准确、综合、直观和定量，它结合了计算机和手持产品的特点，促使教学能够随时随地进行，能够兼顾课内和课外，形成以学习者为主体的方式进行探究和交流，发展学习者的个性，改变传统教学中教师单纯传授知识的局面。

随着可视化、个性化和手持技术的发展，混合学习也将对学习者产生更为深刻的影响。混合学习研究已经从理论走向实践，在教师专业发展领域，混合学习已经成为一种非常重要的培训方式，而不仅仅是一种补充。概括而言，混合式教学是学习理念的一种提升，这种提升不仅能够改变学生的认知方式，而且能够促使教师的教学模式、教学策略和教学角色发生变化。

第二节　混合式教学的理论支撑

一、建构主义理论

最早提出建构主义思想的是维果斯基。构建主义认为，每个个体的认知方式以及认知过程是有区别的。因此，每个人的学习结果以及学习状态也是无法提前预测的。教学本身的任务不是控制学生的学习，而是促进学生的学习。随着网络在教育领域的应用和发展，关于建构主义的理论也在不断发展和完善，进行教学设计时重点并不是在教学目标上，而是在学生的发展上，要以学生为中心，构建能够促进学生进行知识内化的外部和内部环境，促进学生知识的吸收和能力的获得。在这个过程中，教师只是学生学习过程的辅助者和促进者。建构主义主张因材施教，充分发挥学生的主观能动性，每个学生都应当有与教师直接对话的机会，教师只是学生学习的引导者，不是主导者。

建构主义是培养学生创造能力的好方式，它能够最大限度地激发学生的积极性和主动性，尤其对于学生理解复杂知识以及高级技能的习得方面更是有着得天独厚的优势。建构主义学习环境具有真实学习情景、合作学习、注重问题解决等特色，所有的学习环境都依赖于技术，以使环境易于操作，计算机以及相关技术在建构主义学习的实现过程中发挥着举足轻重的作用。另外，建构主义理论认为学习需要发生在情境中，在社会交往以及与周围环境的交互过程中，在解决问题的同时获得技能，在这样的过程中，学生掌握着学习进程的主动权，实现构建好的学习目标。

混合式教学模式最大的特点就是强调了学生的主体地位，混合性也即为多样性，学生的个体特征本就是多样的。根据学生的状态选用最适合他们的模式，从学习环境、学习内容、学习方式到学习评价依据学生的主体需要进行混合，课前通过学习任务单的设置为学生的自主预习提供引导和方向，从而培养学生独立思考的能力、独立学习的能力以及自我消化的能力；对于不理解的地方既可以在课前与教师进行一对一交流，也可以通过学生之间的讨论获得新的启发。在课堂中，由于学生已经预先构建了基础知识，教师也可以对于知识的深度及广度进行扩展，拓宽学生的思路；课后利用已经拥有的资源，让学生根据课前与课中的学习，进行课后的自我巩固和反思，真正实现知识的内化。

二、关联主义理论

关联主义又称连通主义、连接主义，是由乔治·西蒙斯提出的符合网络时代发展特征的理论。学习（被定义为动态的知识）可存在于我们自身之外（在一种组织或数据库的范围内）。学习发生在模糊不清的环境中，没有固定的要求和界限。关联主义理论是一种适用于数字时代的学习理论。

在知识观方面，关联主义认为学习活动就是为了促进知识流通。知识在一个交替流动的过程中得到不断更新，它是动态流动的。知识的流动循环要经由：从某个人、群体或组织的共同创造开始，然后分发知识、传播重要思想、知识的个性化、实施再回到知识的创造这样一个循环的过程，从而使我们的知识经历得到个性化的解读、内化、创新。当知识流经人们的世界和工作时，不能把它看作保持不变的实体并以被动的方式来消费，应以原创者没想到的方法舞动和裁定他人的知识。关联主义理论对设计混合式教学模式的指导作用主要表现在以下两个方面：

第一，知识是具有关联性的网络整体。混合式教学的线上教学部分由于学习场所的虚拟性、接触资源的碎片化，容易导致学习者所习得的知识处于分散、支离的状态。而在关联主义理论的指导下，教师和学习者需要有意识地对教与学的状态进行把控。首先，教师提供给学习者的知识要相互连贯，遵循由浅入深、由易到难的原则，所呈现的知识需要遵循一定的知识逻辑结构，使学习者明晰整体的知识脉络；其次，教师面授教学的教学内容应与线上组织的教学资源相互关联，线上线下不能相互脱离，二者均要有各自的教学呈现方式，但是整体上又是互相对应、彼此联系的。

第二，教师与学习者时刻保持关联。教师与学习者是教学过程的两大主体，师生之间的互动在教学过程中是必不可少的。由于线上教学过程的时空分离性，师生之间的互动往往受各种因素的限制而不便随时互动沟通。因此，教学应用腾讯 QQ、微信等软件技术保持沟通，通过在线软件的途径，学习者能够相互探讨，教师亦能够及时掌握学习者的进度，及时解答学习过程中出现的问题。

三、人本主义理论

人本主义与行为主义学派、精神分析学派并称为三大势力，它的代表人物是马斯洛、罗杰斯等。人本主义理论指出，人的学习是个人潜能充分发展的过程，教育活动应该是一个有机的过程。因此，教育应该关注的是如何持续不断地供给学习者有关学习的热情。

教学的过程就是促进学生发展的过程，要促进学生发展就要选用合适的教学方法。合适的教学方法产生的条件包括：①要选用合适的教材，教材要与学生已有的知识体系和能力水平相匹配，以方便学生自主学习；②教师要会教学。教学是一项技术含量很高的工作，教师不仅要能教学更要会教学，要懂得如何因材施教；③要有意识地培养学生自主学习的能力，培养学生自主学习的习惯。社会的不断发展依赖的是人的能力的多样性以及他们蓬勃的激情、独立的个性。然而，社会快速的发展使人们关注的焦点越来越功利化，人们过多地关注成绩，却忽视了能力。人本主义学习理论认为，教师的任务不应当只是传道、授业、解惑，更主要的是要能够为学生创造学习的环境和条件，为学生创设出自主学习的氛围，培养学生自主学习的能力，它倡导的是一种自由式的、以学生为中心的教学观。

混合式教学模式在教学的过程中实现了一个质的突破，它的特性决定了它有很强的包容性。首先，就教材而言，凡是能够为学生学习服务的皆可以取之服务于学生；其次，混合式教学模式也是一种开放的模式，就教师主体选择而言，同样的内容、不同的教师施教后也会取得不同的教学效果。混合式教学模式的开放性提供了广泛的选择性，可以通过科技的手段实现教师的空间流动，人尽其才；最后，混合式教学模式也是一种灵活多变的教学模式，从培养学生能力方面来看，由于它没有固定的样式，环境的混合、资源的混合、教学方式的混合，都是建立在适应学生的自身发展的基础之上，目的都是为了促进学生知识的吸收以及能力的发展，力求能够实现真正的因材施教。它只有一个宗旨，即以学生为中心，为学生服务。

混合模式的使用，使得不管是教材还是教师都能够实现最大限度地适合学生，有利于学生。同时，这样的模式也能够充分实现学生能力的发展。该模式进行任务单的设置，将自主学习与合作学习相结合，既培养了学生独立思考的能力，又锻炼了学生的团队协作能力，并且实现了优质资源的共享与运用。课堂中根据学生课前的预习内容，以及预习情况，进行师生间互动活动的设计，教师担当引导者的角色，用问题引发学生的思考，根据学生课前预习反馈的情况进行深入的探究讨论，培养学生的发散性思维，以及深入探索能力，充分挖掘学生自身的学习潜力。课后利用小规模限制性在线课程（SPOC课程）平台以及相关平台进行拓展资源的提供，拓宽了学生学习的地理边界、时间边界、知识边界，培养学生自主探究的学习习惯，形成终身学习的性格特征，同时也减轻了教师的工作量。另外，使用SPOC平台的后台系统监测，进行大数据分析，用科学的方法对学生学习情况进行有效的评测，实现针对学生的个人特点与个性特征的教学改进，这些特点无疑都是人本主义中以学生为中心,为学生服务理念的最好体现。

四、掌握学习理论

"掌握学习理论"由美国著名心理学家、教育家布鲁姆提出,意谓"熟练学习、优势学习",是指只要具备所需的各种学习条件,大多数学生都可以完全掌握教学过程中要求他们掌握的全部内容。

教育目标可以分为三个领域,即认知领域、情感领域和动作技能领域。在每个领域中都按层次由简单到复杂地将目标分为不同类型,包含可以将每一个类别进一步区分为若干个亚类。只要恰当注意教学中的主要变量,有可能使绝大多数学生都达到掌握水平。掌握学习教学理论对设计混合式教学模式的指导作用主要表现在以下方面:

第一,混合式教学模式将部分教学任务转移到课下进行,这意味着有充分的时间供学习者自由支配,学习者可以根据自身的实际情况选择合适的学习进度以及教学方法自定步调学习。通过完成教学任务、观看教师录制的视频以及资料自主学习,并完成在线测试,判断对于基本知识的掌握情况,对于未掌握的知识进入二次学习,掌握后方可进入下一个阶段的学习。

第二,教师应该为学生设定明确的教学目标,在课程中学生应该达到怎样的程度、具体应用的学习方式、需要达成的指标等,使学习者有明确的学习方向,同时激发学习动力。

第三,在保证基础知识掌握的前提下,对于材料引申、拓展学习部分教师可以划分不同的难度水平以供学习者选择,这样的做法打破了教学过程中存在的进度一致、步调一致的问题,使学生的个体差异性得到尊重。

五、认知主义理论

认知主义源于格式塔心理学派。认知主义认为,世界是客观的,人们对客观事物在头脑中的反映形成了知识,而知识是可以迁移的,因此它可以通过教学的方式来获得,而教学的目的就是使用最有效的方式实现知识的迁移。认知主义也强调环境在学习者学习过程中的作用,但是它认为环境作用的实现必须通过学生的内部心理作用的过程,它认为生活处处皆知识,学习无处不在。

人的头脑中是有认知地图的。所谓认知地图,也就是学习不仅仅是一种单纯的知识获得,同时也要对学习目标、学习过程、学习途径以及学习手段有一个清晰的认知,也就是认知观念的形成,所以在学习过程之中,也需要对认知过程进行研究,强调学习的目的性和认知性。学习的实质是将学习内容进行符号化和表征化的过程以及将这些表征进行应用的过程。知识的获得是通过内部心理活动实现的，包括内在的编码以及组织，它重视意识在学生学习过程中所承担的角色。在新的学习开始之前，学习者的心里已经存在一个心理结构，这原有的认知结构对于后续的学习有着重要的影响。学习者原有的学习策略、学习态度、知识经验以及情感、信念、价值观、态度等都是影响后续学习效果的重要因素。因此，在教学过程中既要重视学生的主体作用，又要重视教师的外部刺激作用，既要重视学生的内部心理过程，又要创设合适的条件来促进学习者的内部心理状态的发展。

认知主义理论指导下的教学模式将学生的心理发展状态作为一个重要因素纳入了教学设计中，在教学策略和教学内容的选择上与学生原有的认知结构更为契合，学生的主动性和积极性也能够得到更好的发挥。混合式教学模式的发展是教育理论和科学技术不断发展的产物，它的理念即是在适当的时间，通过适当的技术，运用适当的风格，对适当的学习者传递适当的能力，从而取得最优化的教学效果，把传统教学效率高、师生间可以进行情感互动等方面的优势与网络教学自由、多变，共享方面的优势相结合，在知识迁移的过程中，既充分发挥教师的引导、启发和监督的作用，又将学生在学习过程中的积极性、主动性和创造性充分调动和发挥，用最简单的办法实现知识的有效迁移以及学生能力的获得。

六、教学交互理论

在信息交互与社会交往大背景下，教学交互成为教学活动中必不可少的一个环节。任何形式的教学活动都离不开一定程度的交互，交互是教学活动发生的必要载体，而教学交互区别于传统的人机交互，旨在推动教师与学习者交流与理解，在引入某种技术的基础上，促进教学活动的高效完成。有学者将交互分成两个状态：①适应性交互，即指学习者行为与教师建构的环境之间的交互，如学生对教学平台的操作过程；②对话性交互，指学生与教师之间的交互，这一层面主要是学习者与教学要素、资源信息之间的交互。

（一）等效交互理论

等效交互理论是安德森从节约时间和经济成本的角度提出的，其基本思想是各种类型的交互转换可以相互转换和替代。本理论指出教师与学生、学生与学生、学生与学习内容这三种交互类型，如果有一种类型是高频率交互，那么其余两种交互频率就会少，甚至没有，但是有意义的正式学习仍然得到支持，且不会降低教学体验；如果三种教学交互中有两种或两种以上的交互类型是高频率交互时，有可能产生更满意的教学体验，但需要花费更多的时间成本和经济成本。在混合式教学实践中，不能一味地追求教学交互频率或交互水平达到最高，而忽略其他成本的投入，因为实际教学中的教学时间是有限的，需要综合考虑教师和学生的时间比例及经济成本。

（二）交互影响距离理论

交互影响距离理论指出交互影响距离不是物理距离，而是由物理距离、社会因素等导致的师生在心理上产生的距离。"结构"与"对话"是交互影响距离的两个要素，其中结构与交互距离是正比的关系，而对话与交互影响距离是反比的关系。换言之，结构化程度高的课程，师生间的对话较少，交互影响距离最大；相反结构程度低（结构灵活），对话会增多，时间的交互影响距离随之减少。从学习者的角度看，交互影响距离越大，学习者的自主性要求越高。

简言之，交互影响距离是人与人之间的心理距离感。在混合式教学中，培养学生的自主学习能力是其中一个目标，而这个自主性又与交互影响距离有联系，因此面对面教学交互设计、非面对面的交互设计等都要基于交互影响距离理论来进行，尽量让学生与教师之间及学生与学生之间有一个比较合适的交互影响距离。

（三）教学交互层次塔理论

教学交互层次塔理论是陈丽教授站在建构主义学习理论的视角提出的，用来揭示和解释远程教学中教学交互的特征与规律。教学交互从低级到高级可分为三层交互，即操作交互、信息交互、概念交互。其中概念交互是最高级、最抽象的交互，而操作交互是最低级、最具体的交互，高级交互是以低级交互为基础的。教学中交互的目的是让学生获取和建构自己的知识体系，形成自己的概念，即达到高级层次的概念交互，而高级交互层次不是一蹴而就的，它需要进行低级的操作交互和信息交互。

在混合式教学中，以教学交互层次塔理论为指导，在教学交互式设计和实施过程中尽可能多地给学生提供足够的低级交互机会，为其上升为最高的概念交互打好基础，引导学生向较高层次进行交互。教学交互理论对建构混合式教学模式的指导作用主要表现在以下方面：第一，教师与学习者交互应遵循便利性、高效性原则，在线上、线下的教学中都能够达到即时的交互；第二，师生与平台易于交互，具体针对教师课程资源上传、页面美观性、学生观看的舒适度，即平台人性化的功能设置。

七、香农-施拉姆传播理论

香农-施拉姆传播理论是双向互通的循环式信息传输模式。施拉姆在香农传播模式的基础上引入"反馈机制"，继而产生了香农-施拉姆模式。反馈机制的引入将双方的互动过程关联起来，摆脱了以往信息单向流通的缺点。香农-施拉姆模式认为只有信息发出者与信息接受者在经验领域有重叠互通的部分，传播才得以完成。

该模式体现了传播活动的信源和信宿之间的互动，认为信源发出信号是基于自身的经验范围。信源基于自己的经验领域，把要传递的信息按照一定的规则进行编码转变为信号，发送给信宿。信宿接收到信源发送的信号后，在自己的经验领域内按照相同的规则把得到的信号进行译码，还原为信息。信源的经验领域和信宿的经验领域必须有交叠的部分，传播才能成功；如果信源和信宿的经验领域没有任何交叠的部分，则传播就会失败。当有效的传播过程发生之后，信宿①获得了新的信息。这些新信息通过其大脑加工，就会转变为自己的知识或经验，从而丰富和扩展了其经验领域，使其原有的经验领域得到扩展。信宿获得的信息越多，其原有的经验领域被扩展的程度就越大，表明传播的效果就越好。信宿获得信息后，把自己获得信息的情况返回给信源。信源得到信宿的反馈信息后，才能确定自己发送的信息是否被完全正确地接收和理解，并据此决定是否进一步改进其传播活动。

反馈是知识传播过程中极其重要的因素，恰如其分的反馈使被动的单向交流转向双向流通。在经验领域方面，无论是信息传播者还是接受者均有自身逐渐扩展的经验领域，且二者的经验领域在相互交叠的情况下知识传播才有可能发生，假使二者的知识经验领域处于分离状态，就会传播失败，双方经验重叠的部分越多表明双方在公共经验越多，那么信息的沟通则更加通畅。因此，如果想提高信息传播的效率，可以从增进双方的经验领域重合部分着手。香农-施拉姆传播理论对设计混合式教学模式的指导作用主要表现在以下方面：

第一，在混合式教学模式的施教过程中引入反馈机制，设置在线测试、留言板等环节便于教师接受学习者学习情况的反馈，及时调整教学计划，适时的反馈有助于增加教学的针对性与指向性。

第二，要求实施混合式教学的教师既要建立与学习者的共同经验领域，确保教学内容的起点在学生可以接受的认知范围内，同时又要合理兼顾开发学习者新的领域边界，达到尽量向外延伸的临界开发领域。同时在教学过程中加入反馈机制，教学反馈有助于教师把握学习者在线学习的效果与疑问，同时通过反馈，教师的教学更有方向及目的性。

第三节　高校混合式教学的改革分析

新冠肺炎疫情的爆发，对高校教学模式的改革造成了较大的影响。基于"互联网+"

---

① 信宿指在通信中，从另一部件（信源）接收信息的部件。

的技术加持，大规模的线上远程教育就成为高校应对疫情的顺势之举。"新时代教育事业快速稳定发展，高校不断更新和完善教学模式，经过长时间探索，混合式教学应运而生"①。而在后疫情时代，高校教学恢复了传统的线下教学模式，同时疫情期间的线上教学探索已积累了较丰富的经验，基于此，混合式教学模式的实践将成为新常态。

混合式学习的内涵包含了教学和学习两个范畴，任何类型的教育只要包含了面对面授课和线上学习，都可将其称之为混合式教学。而伴随着不同发展阶段的演绎，混合的程度不断深入，混合式教学会从形式上的结合向结构化的融合转变。但混合式教学绝非信息技术的简单运用，改革的难点也绝不在技术层面上，其关键在于背后的教学设计理念。

混合式教学模式的实践具有重要的现实意义。一方面，"互联网+"作为赋能的手段，在教学领域的应用能够带来教学形式的多样化，但混合式教学模式的应用并不只是要增加线上的教学平台，并且教师以及学生角色的调整、教学设计的优化、教学机制的健全等都要进行联动反应，从而保障教学质量的提升；另一方面，从混合式教学模式的实践中可以窥见高校教育治理体系健全与否，以及地方各级教育部门、学校、教师、学生及企业和社会组织等社会力量在混合式教学模式的应用实践过程中是否能够实现协同效应。

"互联网信息技术的发展不但丰富了现行的教学方式，而且扩大了教学资源的选择范围"②。如何利用互联网思维实现教学结构的变革，改革混合式教学模式，对于塑造数字化时代"以学为中心"的教育生态体系至关重要。以下将从教学理念、教学体系、教学方案、教学能力及教学策略等维度切入，以优化未来高校混合式教学模式的实施路径。

一、更新混合式教学的理念

混合式教学模式是"互联网+"在教育服务领域的延展，可依托信息通信技术对高等教育教学实现增势赋能。但须注意的是，技术仅仅是手段，而非目的，所以在依托技术手段支撑线上与线下教学混合的同时，还需要更新教学理念，支持混合式教学顺利推行。为此，在高校混合式教学模式的改革过程中，教师要将"以教为中心"的教学理念转变为"以学为中心"的教学理念，以促进教学技术与教学改革的深度融合，即根据学生的特征，结合所教学生的学习风格、目标知识及其对所学内容的态度等，深入挖掘学生的学习需求，从而有针对性地设计混合式教学。

鉴于当前学生对网络的应用相对比较敏感和擅长，因此，教师可以通过问卷调查的形式搜集学生的需求，将"教"与"学"融合起来，设计线下与线上相结合的多样化学习

---

① 刘巧梅，郑媛媛. 高校混合式教学模式改革的推进[J]. 文教资料，2020 (36): 195.
② 刘亚春，曹远龙. 高等数学混合式教学的理论研究与实践探索[J]. 高教学刊，2022，8 (20): 75.

活动，并根据在线学习的数据反馈来及时调整教学内容，调动学生课堂参与的积极性。另外，在"以学为中心"教学理念的指引下，如果要想培养学生的综合素质素养，教师还需借助"互联网+"将课程思政元素融入专业课程教学，实现混合式教学与课程思政教育的协同发展。

二、构建混合式教学的体系

教师应该依托智慧教室和线上教学平台，系统建构"互联网+"混合式教学模式的治理体系。混合式教学模式的实施不仅是教师和学生之间的双向互动，而且同时也离不开多方参与主体的有效支持，如政府、高校及行业企业、社会组织。如何完善政府和高校之间的关系，加强"放管服"改革在高等教育领域的延展，完善高等教育多主体参与的治理体系显得尤为重要。而在高校内部则涉及学校及教务部门，即各主体之间的互动会形成一个混合式教学网络，高校则要确保混合教学模式推进所需的基础设施、师资、人员、技术等条件都具备，以便搭建多方主体合作、交流的对话平台，聚焦教师和学生的实际需求，借助文献数据库、资料数据库、讲座视频、考试类型的平台以及第三方平台等社会力量的优势，同时创新产学研协作的形式与手段，从而最大限度地提升教学质量。

三、完善混合式教学的方案

在新冠肺炎疫情期间，高校线上远程教学的方案实施呈现出多样化的特征，为后疫情时代混合式教学模式的推广奠定了基础。在线上教学方案层面，教师可以根据不同学科的课程特点，采取直播或是录课的形式在特定的教学平台上自建线上课程资源，也可选择现有教学平台上相对较成熟的慕课资源。不管采取何种线上教学方案，辅导答疑和过程化考核都是重要环节，而传统的面对面授课也有其优势所在，其可使学生和教师之间的交流变得更充分。

根据教学班学生返校的情况，混合式教学可供选择的方案包括：①对于教学班学生部分返校的情况，课前、课后继续依托线上平台进行，课中则按照教学计划实施线下授课，并同时开启直播，注意和线上学生的互动交流；②对于教学班学生均已返校的情况，课前、课后继续在线上平台进行，课中则在线上平台的辅助下保持传统授课，该方案使得疫情完全解除后，进行混合式教学模式推广具有较强的可行性。

四、提升混合式教学的能力

首先，从认知入手，学校可通过介绍、分析混合式教学的概念、价值作用等，调整教师对混合式教学的认知，使其实现从讲授者、主导者到促进者的调整，愿意主动提升自身在混合式教学方面的各项能力；其次，学校可通过调查了解教师能力不足或是欠缺之处，再采用培训、讲座等形式，有针对性地提升其混合式教学能力，包括混合式教学课程设计能力、混合式教学资源建设能力、混合式教学组织能力等；最后，学校要进一步完善教师在混合式教学方面的能力，如在线上和线下课时内容的分配方面，不同学科的专业教师需要考虑所授课程的特点，并进行动态化的适应性调整，这需要增强教师对混合式教学的设计能力，所以学校可以组织反思、教学研讨等活动，以增强教师的相关能力。

五、优化混合式教学的策略

教师可将学生的学习态度成熟度以及学习能力成熟度纳入混合式教学模式的设计范畴，根据学生成熟度发展的不同阶段，有针对性地采取激励措施，从而实现因材施教。一方面，对于态度成熟度较高而能力成熟度较低的学生而言，教师在知识传授的同时，可增加对学习技巧的分享，如利用平台线上分组和讨论功能，让学生开展小组研讨，并将学生课堂参与情况纳入平时成绩的考核，以鼓励学生在讨论区围绕特定话题分享论点，从而提升学生独立思考的能力；另一方面，对于能力成熟度较高而态度成熟度较低的学生而言，教师可依托线上平台增加案例教学、情景模拟、角色扮演等策略的运用，通俗易懂地传授枯燥、晦涩的理论知识，并将学生自评和组间互评纳入学生平时成绩的评价体系，以提升其学习自主度。

总而言之，在后疫情时代，高校教学混合式教学模式将进入重要的发展阶段，在"以学为中心"的价值引领下，教师应聚焦学生的学习需求，充分发挥线上教学和线下教学的优势，更好地实现教育的公共价值。

第二章　高校混合式教学的体系建设

第一节　混合式教学的特征与要求

一、混合式教学的相关特征

"混合式教学是把在线教学和传统教学的优势结合起来的一种教学模式，是当前教学研究的热点"[1]。根据现代教育理论，学习过程包括程序性学习和启发性学习。以记忆为主的程序性学习完全可以以学生自主学习为主；启发性学习过程，需要通过作为专家的教师与学生之间的互动来完成。由此可见，将信息技术和课堂教学有机整合，有助于形成以学生为中心，充分发掘学生自主学习动力和创新能力，形成互联网+高等教育教学的特色教学模式，提高高等教育的竞争力。

混合式教学包括任课教师安排给学生的自主在线学习（或多媒体学习）与课堂互动两个模块。在线学习模块的内容常以教师讲课短视频、作业练习、互动交流、测验考试、通告邮件等方式向学生提供学习资料，结合学生的学习特点，使学习过程实现随时化、随地化，方便学生安排学习时间，满足个性化学习的需要，但是其片段化的学习，不利于学生将知识有机地整合，并加以应用和评价。课堂互动结合即兴学习的特点，有利于将学习体验和个人经验进行整合，通过课堂探究和讨论，加强学生思维的主动性，实现学习过程的内化。

在课堂互动环节，教师可以采取基于问题的学习方式或者基于项目的学习方式。教师根据教学的重点或者难点，按照由浅到深的原则，有目标地设计教学问题；学生通过解决问题，将线上课程中所学习的知识应用到特定的环境中来，通过小组讨论和教师的引导，对产生的结果进行评价；学生还可以通过解决多个问题，按照归纳推理的方法，对所学知识进行归纳，从元认知的高度实现对知识的内化。根据最近发展区间原理，课堂讨论的问题既要考虑学生的学习兴趣，也要考虑学生的学习能力，这样才能充分激发学生在讨论中

---

[1] 田宇. 线上线下混合式"专业英语"教学的设计与构建 [J]. 科教导刊, 2020 (20)：118.

的活跃性。在讨论中，也可以适当引入劣构性问题，在解决这类问题时，学生需要自主判断题目给出的条件是否适当，并通过查阅资料，找到相应的条件，如地球的质量、原子的大小等，通过建立简化模型来解决问题。

对于实践性较强的课程，教师还可以开展基于项目的学习：教师根据学习目标，确定学生的学习项目，包括实验设计、课件制作、程序设计、数值模拟等。学生根据学习项目制订出相关计划书，教师和学生通过讨论确定计划书的可行性。在实验课堂上，各学习小组按照计划完成相关实验，教师帮助学生及时解决实验中可能出现的问题。完成实验后，小组按照研究结果写出研究报告，并在课堂上宣读。对于基于项目的学习，学生不仅需要运用和实践所学的知识，可能还需要将其他领域的知识整合到探究过程中，提高对知识的掌握程度。

然而，课堂讨论的时间有限，学生完全采用探究性学习的模式，其学习内容必会减少，会影响学习的成效。不同的混合模式可以将在线学习过程和课堂讨论环节有机地整合起来，教师可以采取课堂教学为主，在线学习作为补充的非翻转学习模式；或者以学生在线学习为主，课堂讨论作为补充的翻转模式，将两者的优势结合在一起，提高学生的学习效果。实施翻转课堂，教师可以采取在课堂讲重点、难点后再进行课堂讨论的部分翻转模式，或者课堂全部用于讨论的完全翻转模式。

采用翻转课堂模式，可以带来的益处主要包括：①实现授课、批改作业与辅导任务的分离，释放教师知识教学的劳动力，让教师的教学时间真正花费在个性化的交互中。②思辨和身教的补足。翻转课堂可以给这个问题带来转机。课堂时间聚焦到探究式的个性教学中，包括答疑解惑、深入讨论、实际操作演示甚至手把手地指导实验等。只有真正实现个性化的教育，才是能培养出独立思考、实践动手能力的教育，让学生接受了知识之后能有所创造。③课堂职能的转变逼迫教师必须更深入地理解课程内容，进而提升教学水平。这个过程，对教师的教学和业务能力提出了更高要求。

二、混合式教学的具体要求

信息技术与课程教学深度融合并非单纯的技术与课程的关系，而是一个需要以培养怎样的人才为目标的"系统工程"，至少需要从教学设计、教学实施和学业评价三个方面做整体规划和系统设计，需要探索技术与课程深度融合的方式方法，重点做好教学设计。教学具有目的性，因为教师总是为了某一目的而教，从根本上看是为了帮助学生学习。为了达成"帮助学生学习"的目标，做好混合式教学的教学设计就显得尤为重要。

教学设计指的是针对特定教学目标与教学对象，对教学资源与过程的计划与安排，也称为教学系统设计、教学系统开发、教学开发。教学设计是一门涉及理解与改进教学过程的学科，任何设计活动的宗旨都是提出达到预期目的的最优途径。

（一）不同教学类别的定位要求

混合式模式主要是针对在校学生的，因而其课程教学的运作方式完全取决于任课教师的教学理念和对课程教学目标的定位。根据学生不同的认知活动，可将学生的学习分为三大类，即知识学习（包括事实、概念和原理的学习），技能学习和情感认同。以高校物理课程为例，物理学科的知识内容可以分解为三方面。物理知识包括现象与事实，概念（名称、术语、物理量、重要常量），原理（定律、定理、定则、公式）等；物理技能主要指实验、观察、技能，包括仪器的使用、安装、辨认实验对象、准确测量、数据处理等；情感认同主要体现在通过学习认同和习得社会价值观。对应于教学，其教学定位至少有三种可能的选择方式。

1. 以知识传授为主的定位

知识传授型教学模式按课程自身的知识框架方式划分章节，每一章节内容含有配套作业、测试题，以此不断对学生进行知识的强化，使其形成知识的内化。而对实践能力的培养，只能通过设置一些思考、讨论题目和课外附加实验等方式来实现。传统的课堂教学模式，都采用了这种教学方式。在线课程教学模式，则随不同的教学平台而稍有差异。目前所见到的绝大多数教学平台都采用这种知识传授型的模式，平台上的教学大纲、教学视频、作业、练习、测试题目的多少完全由任课教师根据授课对象的实际情况（原有的知识背景、现阶段可以投入的时间、需要达到的培养目标等）来设置；还可以提供拓展性教学资源，如电子书籍、教学案例、常见问题集、往届学生作品集等。丰富的数字化教学资源不仅让教师开展信息技术与课程教学深度融合有了可靠的资源保障，而且随着教学资源的日积月累和不断更新，教师本人对课程知识的掌握会更加全面和深刻，学生可选择的学习内容更加广泛和深入，课程教学向更有深度的学习转变。

网络平台上的测试题定位于前测题，即在课堂讨论之前学生需要完成的测试。前测题有两种处理方式：一种是在学生的视频学习过程中弹出测试题，目的是强迫学生在此时停下来，思考前面的内容是否听懂和理解了，如果对相应问题回答不正确，可以要求学生回去再学习一下，直至回答正确；当然，也可以设置为无论回答正确与否，休息一下就继续往下学习。另一种是在章、节学习结束以后做作业和测试，还可以要求学生对同伴的作业进行批阅评判。教师针对前测题中暴露出的问题组织课堂讨论；之后，学生还可以再次去做该章的测试练习（多数学习平台都将同章节内容的测试次数默认为三次，取最高分为保留成绩）。当然，设置的前测题一定是课程教学中的重点和难点。

2. 以能力培养为主的定位

在现代社会中，人才应该具有的18个要素，其中最为重要的是"4C核心能力"，即批判性思维与问题解决能力（critical thinking&problem solving）、创新与自主学习能力（creativity&active learning）、沟通能力与合作精神（communication&cooperation）、跨文化理解与全球意识（cross culture understanding&global awareness）。

以高校物理混合式教学为例，教师需要厘清高校物理课程在培养学生的科学素养、能力中的具体体现，即物理课程知识与相关能力的关联。在实际操作中，需要从能力培养的角度构建知识传授的框架结构和途径，形成以问题为导向的教学——重新组织教学。在新的教学模式中，交互方式发生变化，实践环节得到加强，学生需要投入更多的时间和精力，某些问题需要自己去设计实验来回答清楚。在线学习中，学生必须具有很强的学习动机和自主学习能力，其信息技术素养和技能可以纳入创新与自主学习能力培养标准。教师要结合"以能力培养为主"和"知识传授型"的教学优势，将在线教学、课堂教学、实践环节的优势有机地整合在一起，结合线上学习的反馈信息，以循序渐进的方式开展协作学习，实现对学生交流沟通能力、批判性思维能力、创新与自主学习能力等的培养，为学生将来的职业发展奠定坚实的基础。

3. 以素养提高为主的定位

教育要学生带走的不仅是书本里的东西，还有超越书本知识的人的素养。教育和教学不可分割，教师要在学科教学中培养学生的核心素养。学生的核心素养是适应个人终身发展和社会发展的必备品德和关键能力。中华人民共和国教育部提出中国学生应发展核心素养，这些核心素养包括文化层面的人文底蕴、科学精神，自主发展层面的学会学习、健康生活以及参与社会层面的社会担当与实践创新，共六个方面。这些内容和4C核心素养既存在交集，也有不同。中国学生发展核心素养将学生的个人发展与社会主义核心价值观进行对接，从"立德树人"的高度阐释社会与国家对学生发展的重视。

发展学生的核心素养须从课程建设和教学模式两方面去落实。从课程建设角度来看，满足不同学生的差异化需求，使学习者利用已有的知识水平和认知能力，接受新信息，学习新知识，用新的知识构建自己的知识体系、能力体系、道德体系，满足所有学生自我建构的需要。落实到具体学科，可以在教学设计上增加科学前沿进展以及中国科学家在科技前沿的相关工作，提高学生的民族自豪感和社会服务意识。从教学模式角度，在混合式教学中，教师需要重视营造积极向上的学习环境，鼓励学生通过自主学习、协作学习开展科学探究活动，培养学生知难而上、刻苦钻研、百折不挠的职业素养。

结合不同类型的教学优势，实施层次化教学，满足学生差异化需求；实施整体化教学，实现知识的横向联系；实施主题化教学，实现知识的纵向联系；实施问题化教学，实现知识的横纵联系；实施情景化教学，实现由学习走向生活。将在线教学、课堂教学、线下实践三个环节的优势有机地整合在一起，结合线上学习的反馈信息，以循序渐进的方式开展小组讨论，实现对学生口头表达能力、批判性思维能力等方面的培养，构建"在线学习+课堂讨论+线下实践"的"互联网+"教学模式。

（二）不同教学活动的因素要求

在混合式教学设计中，先要对授课内容按时间节点划分学习单元；根据线上线下不同模块的教学特征，又可将每个学习单元划分为线上、课堂和实践三个环节，每一个环节，都需要关注教学的基本必要因素。

1. 在线教学活动的必要因素

在线教学环节，学生需要根据自身的情况确定各自的学习路径，学习路径的确定体现了学生在线学习个性化的情况。线上教学资源包括视频部分的教学目标、教学内容以及相关的小测试、单元作业等，其内容相对机动，可以包括预备知识的介绍、重点内容讲解和习题选讲。教学视频是支持在线学习最重要的资源之一，合理运用教学视频能够有效吸引学习者的注意力，增强学习动机，提高学习成绩，增强学习满意度。

现有的在线开放课程中的交互形式可以归为三类：①人—人交互；②学习者—内容交互；③学习者—界面交互。在线学习环节设计中，至少应包含学习者—内容交互的内容，具体可以通过设置进阶题目、问答题等实现学习者与学习内容的交互。这样安排有利于不同层次的学习者通过线上学习获取课程知识，不能通过自主学习解决的问题或疑惑，可以提交到学习平台上的互动空间，与同伴或老师交流讨论，获得必要的帮助。任课教师在教学设计时，可以先建立讲授内容的知识图谱。与此同时，还可以通过记录学生的学习轨迹对学生生成形成性诊断，了解学生学习困难的症结所在。从教学效果上看，采取混合式教学后，相关学习内容的得分率可以提高很多。

2. 课堂讨论活动的必要因素

课堂讨论环节以强化学生对知识的应用和评价为目标，不同的学生在自主学习过程中可能存在解决个人特定问题的需求，有必要通过协助学习获得帮助。学生在讨论过程中，对已产生的特定问题能否得到解决，体现了线下学习的个性化问题。学生学习活动的个性化程度从另一个角度反映了学生学习的主动程度，而激发学生的兴趣，提高学生学习的主动性是终身教育的一个重要目标。

交互是教学活动最基本的特征之一，课堂设置合适的互动环节是一种典型的人—人交互活动，对学习者的学习有着重要的影响。课堂互动教学实施过程，可以从现实问题或引导性问题出发，以小组讨论的形式，讨论课程教学中的重点和难点相关内容。讨论内容设计应重视和现实的联系与题材的趣味性，学生通过同伴协同学习增加对课程学习的积极性，提高对所学知识的掌握程度，密切同学之间的人际关系。因此，在设计引导性问题时，应区分对概念记忆的题目与对概念理解、应用、分析的题目，考查学生对教学目标实现的情况。从实践上来看，设定"脚手架性质"的引导性问题，能够减少讨论过程中的认知负荷，提高课堂讨论的效率。此外，在讨论题目的设计中，还应定性分析与定量计算相结合，提高学生分析问题与解决问题的能力。

3. 线下实践活动的必要因素

线下实践环节的评价采取学生互评与教师评价相结合，评价指标可包括独创性、工作量、完成度、课堂展示四个方面，积极引导学生培养开拓创新、勤奋刻苦、善于沟通等与核心素养相关的技能。

不同课程从线上课程和课堂教学各自的特点出发，实施混合式教学模式的研究和创新，增加基于实践操作和虚拟实验的体验性环节。通过对布卢姆教学目标进行分工，在线课程侧重基本概念和原理的学习和理解；课堂教学过程采用启发性问题导向式学习，帮助学生进行知识内化，侧重培养学生对知识的应用和评价；在实践环节培养学生的创新精神，构建"在线学习+课堂讨论+线下实践"的混合式教学新模式，激发学生的学习兴趣，提高教学质量，为"互联网+"高校课程教学探索出新的道路。

第二节 混合式教学服务体系构建

随着信息和教育技术的飞速发展，混合式教学越来越多地出现在高校的各类教学中，并显示出巨大的发展潜力和前景。随着中国高校数字化校园建设的不断发展，混合式教学也逐渐成为国内高校教学改革的重要内容。混合式教学就是把传统学习方式的优势和数字化学习或网络化学习的优势结合起来，也就是既要发挥教师引导、启发、监控教学过程的主导作用，又要充分体现学生作为学习过程的主体的主动性、积极性和创造性。高校混合式教学的顺利、有效开展，需要构建多层次、多维度的高校混合式教学服务体系，而良好的学习环境是十分重要的。

一、混合式教学服务体系的构建思路

（一）以提升混合学习力作为目标

随着远程学习的不断发展，在线学习力的研究应运而生。由于在线学习与传统的课堂

学习在学习环境、学习活动组织、学习考核评价、学习过程管理方面存在不同，因此在线学习力在具备一般学习力基本特征的同时，强调在线学习环境的学习特性。而混合式学习则是将传统课堂学习与在线学习优势结合的学习过程。因此，混合学习力兼具一般学习力以及在线学习力的特征，关注重点在于如何实现线上线下的有机结合。

混合学习力是在混合学习环境下，混合学习者在学习过程中形成与发展的影响学习效果、效率与个体发展的能力，包括内驱力、认识力、意志力及应用力四个要素。内驱力是对学习者混合式学习活动起激活、推动和指向作用的内部驱动力；认知力是学习者建构知识与解决问题的能力；意志力是学习者抵抗外界干扰，专注混合式学习的能力；应用力是混合学习者将实践转化为学习结果的能力。混合式学习支持服务体系构建的主要目的在于提升学习者混合学习力，即激发学习者的内驱力，提高学习者的认知力，强化学习者的意志力，实现学习者的应用力。

（二）围绕"五维度"提供支持服务

学校、教师、同伴主要从制度支持、资源支持、教学支持、评价支持以及朋辈支持五个维度多举措提升混合式学习力，具体内容如下：

第一，制度支持服务是指学校制定与混合式学习有关的各项政策、规章制度，组织、协调和控制线上线下教学过程中的各种必要因素，加强制度引领、过程管理和质量监控，保障统筹运行。

第二，资源支持服务包括人员、设备支持。人员是指对混合式学习者起引导、组织、评价作用的教师，以及保障混合式学习全过程的教学管理和保障团队。设备支持是指包括线上线下教学条件支持，如优化在线课程（SPOC）平台功能并保障平台平稳运行，建设智慧教室，保障网络通信设备等，保证学生在线学习的顺畅进行。

第三，教学支持服务是教师根据课程学习目标和学习内容，围绕混合式学习的五个维度，以线上或线下的方式为学生提供教学资源、学习引导、活动组织和讨论交流的支持。

第四，评价支持服务是教师在整个教学活动过程中，科学选择考核方式和考核方法，线上线下加强对学生学习过程的管理，引导并对学生学习过程及结果进行价值判断的支持。

第五，朋辈支持服务是在混合式学习中表现优异，经教师选拔并受过相应培训的学习者的朋友、同学等，在学校和教师支持和指导下，通过成立学习小组、组织学习交流、提供咨询服务等，实现同伴协作互助，形成学习者与学习者的活动交互。

（三）以基于 SPOC 的翻转课堂混合式学习为核心

高校建设的线上线下混合式课程主要是基于慕课、专属在线课程（SPOC）或其他在线课程，运用适当的数字化教学工具，结合本校实际对校内课程进行改造，安排20%~50%的教学时间实施学生线上自主学习，与线下面授有机结合开展翻转课堂、混合式教学，打造在线课程与本校课堂教学相融合的混合式课程。因此，混合式学习支持服务体系应该围绕基于SPOC的翻转课堂混合学习模式建立。基于SPOC的翻转课堂混合模式的学习过程包含以下内容：

第一，开课学习准备阶段。在开始课程正式学习之前，学生通过教师提供的课程介绍、课程教学大纲、课程教学日历、课程考核方案等，准备课程学习所需的设备，学习课程所用SPOC平台的功能，确定课程学习目标，制订课程学习计划，做好课程学习各项准备工作。

第二，课前自主学习阶段。学生按照教师发布的课程通知，进入SPOC平台查阅课程导学，按要求观看课程视频、阅读课件，完成课前测试等相关任务；学生对于自己未能理解的疑难问题，可以通过SPOC站内讨论区或微信等交流平台与教师或其他学生探讨。对于在线未能解决的问题或新问题，整理后带至课堂，面对面地求助于教师解决。

第三，课中内化学习阶段。学生认真聆听教师讲解整理总结的课前线上学习重点、难点以及反馈的疑难问题，将相关知识内化理解，并积极参与完成教师布置的课内教学活动，如情境模拟、角色扮演、项目训练、案例讨论、交流辩论、合作探究、问题研讨、实验等。在课堂活动过程中，学生遇到问题可以通过独立思考、相互交流、共同研讨的方式解决，也可以与教师进行一对一或一对多的交流，在教师引导下思考更深层次的问题。活动结束后，学生在班内可分组展示自己的作品或讲解自己的研究成果，完成学生自评、互评。

第四，课后拓展学习阶段。学生在SPOC平台上按时完成教师布置的课后作业，根据个人学习进度和学习兴趣阅读拓展资源，对于感兴趣的问题或疑难问题，通过SPOC站内讨论区或微信等交流平台与教师或其他学生探讨，进行学习反思完成本次课学习总结。

第五，结课学习总结阶段。期末，学生总结课程过程性考核情况，查漏补缺，明确在学习中存在的问题，有针对性地加强学习。按时参加课程结课考核，并完成本门课程的学习总结。

（四）提供基础的规章制度及激励政策服务

学校是混合式学习支持服务的基础，其制定的规章制度、提供的条件保障、营造的学习氛围等直接关系着学习者混合式学习的内驱力、意志力；其对教师混合式教学实施的制度约束和政策激励、开展的多种形式师资培训、实施的科学教学质量监控，关系着教师混合式教学能力，进而影响学生混合式学习的认知力和应用力；其对学习者同伴的各项制度激励和支持,也影响着同伴的支持服务动力和意识。

教师是混合式学习支持服务的关键,是学习者混合式学习的启发者、引导者、监控者,其混合式教学能力、教学设计水平,以及提供学习资源、开展学习指导与咨询服务的水平高低直接关系着混合式学习的效果,也影响着同伴支持的举措和力度。同伴是混合式学习支持服务的辅助,这里的同伴包括同一课堂的学习伙伴,他们可以通过小组学习、团队任务、交流研讨等方式提升学习者学习力,也包括学校选拔优秀学习者组建的混合式学习支持服务团队,通过组织朋辈互助、利用微信群等方式解答学习疑问、提供技术支持、沟通解决疑难问题等方式进行服务。

二、混合式教学服务体系的具体实践

(一)充分发挥学校基础性作用

1. 制定混合式教学制度文件

学校制订《混合式课程建设实施方案》,明确混合式教学模式改革的目标、建设要求、建设任务和措施,以此指导全校混合式教学各项工作的开展,规范相关混合教学管理文件的制定。采用混合式教学课程建设专项方式,以年度教研重点课题立项支持混合式教学课程建设,制定专项管理过程性文件。例如,《混合式课程验收标准》等规范管理,保障课程建设质量;制定有关混合式教学相关教学文件模板,对课程教学大纲、课程排课、学生考核要求实施特殊性管理,给予教师更多的课程实施自主权和空间;制定有关学生混合式学习的激励保障制度,鼓励优秀学生更多地参与混合式学习朋辈互助。

2. 提供基础设施资源保障学习环境

在线上线下混合式学习中,SPOC学习平台的选用和功能设计、教室、宿舍、图书馆等场所的网络保障等尤为重要。针对前期调研中学生反馈的问题,及时向平台供应商反馈意见、优化平台功能,进行平台升级。针对学生反馈的宿舍、教室网速等技术问题,与相关网络运营商合作,着眼于5G布局基础上的建设智慧校园,使学生尽早享受到信息技术最新发展成果。

3. 组织培训保障混合教学的师资水平

教师是混合教学过程的组织者、引导者以及学生自主建构意义的帮助者和促进者,学生学习主体地位的实现依赖于教师主导作用的发挥,教师的混合教学能力对于学生混合式学习力的提高起着至关重要的作用。学校应该高度重视教师混合式教学设计和实施能力提升的培训工作,以基于产出的教育模式(OBE)理念为指导,以成功获得混合式教学课程认定为目标，就理念认同、平台选择与使用、课程建设流程、课程教学设计、教学工具运用等内容，组织开展培训。培训亦采用混合式学习方式进行，使教师以学生身份体验混合式学习全过程，实现从角色认同到角色转化。

4. 设立专门部门提供课程服务咨询

学校应该针对网络平台操作不熟练、师生交互不多的问题，组建在线课程制作与支持中心，吸收SPOC平台公司技术保障人员、教务处课程建设专项负责人、信息技术专项负责人、网络中心工作人员、优秀课程建设示范人员加入，全面提供咨询服务。设立服务热线，在网络平台上设立咨询通道，同时按照年级组建微信群，选拔各个班级学习委员加入该群，建立学校与学生直接沟通平台，随时回应学生有关混合学习平台、网络、教师教学、教学管理等各方面的问题，为学生顺利完成混合式学习保驾护航。

5. 加强教学质量监控保障学习质量

学校将混合式教学纳入学校教学质量保障体系的课程建设专项，进行学期专项督导，制定专项评价标准，每学期对开展课程实践的混合式教学课程进行跟踪听课，并定期发布督导总结报告。定期开展专项学生评教活动，撰写学生评教总结报告，反馈教学管理部门和相应教师，以便改进服务，提高教学质量。定期召开学生座谈会，听取学生对混合式教学模式改革的意见和建议，及时解决混合式教学模式改革过程中存在的问题。

（二）充分发挥教师的主导作用

教师的支持对混合学习力的作用十分重要，其中意志力、应用力的影响程度最大，因此教师应加强教学支持和评价支持，遵循"教师主导、学生主体"的理念，充分发挥引导、启发、监控教学过程的作用，激发学生的学习兴趣，引导学生完成学习过程，科学评价学生学习效果。

在线上学习环节，对学生最有帮助的分别是在线观看视频、在线辅助资料学习、在线习题训练及习题讲解、在线教师答疑、在线讨论区同学讨论；最有帮助的线下学习环节是线下深入讲授、线下课堂小组讨论、线下课堂答疑等。因此，学生更多地希望教师在混合式学习考核中，重点关注线下课堂学习表现，同时兼顾在线学习时长、在线测试成绩、在线讨论参与发帖次数。为此，教师在混合式学习支持服务中应重点做好以下工作内容：

1. 开展充分的学情调研

学情调研是混合式教学课程建设和实施的重要条件。教师在开课前设计合理的调查问卷，通过班级微信群或是SPOC发放问卷开展调研；访谈授课班级辅导员、班级学习委员和课代表、以前授课专业教师等，以此调查分析学生混合式学习经验、专业知识储备、学习动机与学习态度、学习意志力、信息技术水平等基本信息，从而确定课程设计的知识逻辑起点和现实起点，开展针对性、差异化教学和支持服务。

2. 优化课程相关教学设计

课程教学设计是教师混合式教学思想和理念的体现，包括课程整体教学设计和单元教学设计两个方面。教师在进行混合式教学设计时，应以学情分析为基础，以课程教学大纲为指导，结合课程实际授课特点和要求，开展线上线下融合设计。教师要贯彻"学生主体、成果导向、持续改进"教学理念，综合考虑学校 SPOC 平台功能，合理选择课程线上线下教学活动，实现线上线下有机结合。

3. 优选以及建设课程资源

资源交互是学生线上学习的重要方式，教师应为学生有效的线上学习优选和建设 SPOC 课程资源。首先，提供课程基本信息，包含课程简介、课程大纲、课程进度表、教师团队介绍等，以便学生对课程有整体性了解；其次，科学设计 SPOC 课程框架，根据课程实际选择项目、任务、周次、知识体系等方式划分课程结构，设计课前、课中、课后各个环节，依据主题讨论、随堂测试、课后作业、投票调查等教学活动，提供相应的课件、视频、试题库、案例库、经典文章等课程资源。同时，教师也可引用精品在线课程资源，但须根据实际情况进行校内改造。

4. 发挥课前导学的重要作用

课前导学是指导学生开展每次课程学习的指导性文件，在学生自主学习中发挥着重要的作用。教师最晚应在开课前三天发布导学，告知学生本次课的学习要求、学习安排和应完成的学习任务。导学对于形式没有严格要求，可根据实际情况采用思维导图或文字表述形式，但设计须从学生视角出发，时间节点明确，任务安排清晰，要求明确具体。

5. 加强过程指导以及监控

"混合式教学课程中，经常因学生的自主学习不足，导致教学效果较差"[①]。鉴于教师与学生混合式学习意志力相关程度最强，教师应科学合理地设计考核内容和考核方式，利用线上信息化优势，加强过程监控，每周总结学生过程性学习情况，进行针对性表扬和提醒，定期公布过程性考核结果，引导学生完成各教学过程。此外，教师要畅通沟通渠道，做好答疑咨询，通过 SPOC 平台、讨论区、微信等方式，随时解答学生问题。

（三）充分发挥同伴的协助作用

学习者在学习过程中，不仅与教师、资源发生交互，还与同伴发生交互，这种交互体

---

① 余燕平，邹园萍. 高校混合式教学课程的学习评价体系探索 [J]. 高教论坛，2019（11）：23.

现在同宿舍的同伴、课程小组和学习小组同伴、教学助理同伴以及拓展到学校混合式优秀学习同伴。宿舍同伴协助主要表现为营造良好学习氛围，保障良好的学习习惯，开展学习内容的交流探索和学习过程的提醒与监督等方面。课程学习小组同伴主要与课程分组有关，主要表现为根据小组任务，能对学习者进行正确的分工，使其承担恰当的学习任务，团队合作完成学习任务，组员之间互相交流、资源共享，组长和组员能对学习者进行小组任务完成进度的监督和公平的组内评价。

第三节　混合式教学中高校智慧教室建设

如今，信息技术发展日新月异，高等教育也迎来了新的发展契机。以教育信息化理念为支撑的混合式教学模式被广泛应用在高等教育当中，有力地保证了高校各学科教学的先进性与有效性。而在混合式教学推进的过程中，搭建"智慧教室"的必要性越发凸显。因此，为了更好地推进混合式教学改革，提高高校的教育和育人效果，我们有必要围绕混合式教学的推进与改革，积极探寻一条切实可行的高校智慧教室建设思路，从而让高等教育能够更上层楼。

一、高校智慧教室的特征分析

智慧教室指的是一种以智慧技术为支撑的教室。具体而言，其是指通过人工智能、大数据以及物联网等技术来搭建起的一个集现实空间以及信息空间于一体的智慧化课堂。智慧教室的出现也为高校师生提供了一个开放性、交互性、舒适性以及先进性强的学习空间，教师能够在智慧教室当中更好地控制教室环境、利用教育资源以及对教学情况展开分析，以此来采取针对性的教学改进措施保障教学收益。由此可见，通过智慧教室的构建来助力混合式教学改革是一种非常必要的教育举措。智慧教室属于教育信息化的一种代表性产物，它的建设目的主要是为了实现传统教学和智慧教学、数字教学的有机融合，以此提高教学的先进性、智慧性与有效性。因此，智慧教室的特征可以概括为以下方面：

第一，智慧教室旨在通过智慧化手段来打造一个功能齐全、相对舒适、科技化程度高的教室空间，以此来为学生提供个性化的学习氛围。

第二，在智慧教室当中，教师不但能够通过多媒体、微课等技术来与学生展开多维互动，而且还能结合智慧手段之便，与学生展开个性化的课前与课后互动。因此，智慧教室有着极强的互动性特点，能够彰显学生的教学主体地位。

第三，在智慧教室的支持下，教师能够便捷地获取一些与教学实践相关的资源，这也使得教学过程的丰富性得到了有力提高。

第四，在智慧教室的推动下，教师能够更加便捷地掌握学生学情信息，在此基础上对学生的学习问题、自身教学策略等进行针对性革新，从而让教学实效得到进一步提升。

第五，智慧教室有着多种辅助条件，这也使得教师能够更好地推进教学互动、教学评价等教育环节，以此来保证教学有效性。

二、混合式教学中智慧教室建设的意义

混合式教学作为一种以"学生为本""成果导向"以及"持续改进"等理念为支撑的教学模式，是当前高等教育的重要转型支撑。它的核心特点就是"线上"与"线下"教学部分地融合，以此来保证"以学为主"课堂的构建，让学生的学习热情和成效得到有力提升。

智慧教室的建设能够实现现实课堂与信息化课堂的有效融合，让教师可以更好地执行教学管理工作、展现教学内容以及和学生展开多维度的混合交互。因此，智慧教室能够与混合式教学形成有效契合。这种契合不但体现在信息化条件方面，而且也体现在智慧教学流程方面，换言之，智慧教室的构建是未来混合式教学发展的必然需求。

三、混合式教学中智慧教室建设的策略

（一）优化教室设备

混合式教学需要有着良好的教室设备为支撑，对此在建设智慧教室时，高校务必要做好教室设备的优化工作，以此来帮助教师实现智慧管控。首先，要保证教室拥有良好的电力控制、灯光照明、音频扩音、温度控制等系统；其次，要确保教室桌椅的可移动性；最后，智慧教室有必要装配一个故障检测系统。

优化教室设备举措的亮点包括：①智慧教室设备的优化能够为学生提供一个舒适化、轻松化的教室环境，让学生能够更好地在混合式课堂进行学习与实践，这对于他们学习效果的提升是极为有利的；②混合式教学大多是以组别化的方式来推进的，因此，为了保证混合式教学实效，智慧教室的桌椅应当可以灵活调动，这样便可以让学生更加便捷地进行组合讨论与混合学习；③故障测试系统的引入是极为重要的，当某一设备或系统出现故障时，便能够第一时间得到修复，确保混合式教学得以流畅运行。

（二）引入视听软件

首先，在视觉软件方面，智慧教室应当引入无线投影、多屏显示等多种视频软件。与

此同时，我们能看到，混合式教学下，师生之间是需要良好的线上线下互动的。所以，在引入多种视听软件的基础上，智慧教室还应有着多样的互动软件，如实时点评、任务发布软件等。其次，在听觉软件方面，智慧教室应当结合混合式教学需求，做好声控软件的引入工作。

引入视听软件举措的亮点包括：①视频软件引入能够将教学内容进行多层次、多形式、多方位以及多角度的展现，让学生能够快速领悟教学内容，在混合式学习过程中获得更多的学习收益；②互动软件的引入能够为学生创设一个良好的学习情境，激起他们的混合式学习兴趣；③听觉软件引入是为了确保师与生在混合课堂中能够实现更为流畅和高效的互动，从而以智慧互动来保证教学实效。

（三）充实教学资源

高校教师可结合教学内容，积极搜罗一些与之相关的网络视听资源，然后借此契机，在智慧教室搭建一个资源库。与此同时，在搜集外界数字教学资源的同时，教师也要做好数字资源的制作工作。具体而言，教师一方面可在现实课堂授课过程中，通过多媒体等技术设备进行授课过程录制；另一方面可在把握教学目标、教学内容以及教学重难点的基础上，运用网络软件来制作相关的微课、金课。

充实教学资源举措的亮点包括：在建设智慧教室时，必须要保证教学资源的丰富性，只有这样才能真正展现出智慧教室的作用。不管是对于混合式教学，还是其他教学形式而言，各类型的教育资源已经成为必备的教学因素。因此，智慧教室当中也要有着较为充实的教学资源，通过此举来充实智慧教室资源库，让教师能够随时调取、运用以及分享智慧资源，为混合式教学助力。

总而言之，在新时期，为了进一步推进高校混合式教学的改革与发展进程，广大高校与教师有必要立足混合式教学与智慧教室的内涵特点，在正视智慧教室之于混合式教学改革促进意义的同时，不断运用新的思路和方法来打造科学、先进的智慧教室，以此来为混合式教学提供智慧之力，将高校教育质量提升到一个全新的高度。

第三章 高校混合式教学系统与网络平台支撑

第一节 混合式教学系统的优势体现

一、转变教师教学以及学生学习的方式

"混合教学已经成为高校教学常态化形式"[1]。采用多元式教学设计，整合传统教学和在线教学模式，灵活组合合理运用信息化教学手段，转变教师教学讲练及一体化方式和学生预习、回顾无人监控的学习方式；促进传统课堂教学和现代教育多种教学手段的有机融合；实现学生为学习主导者的师生角色和观念的转换，营造基于网络的优质丰富的包括课件、视频、在线课程、评价、测试、交流研讨的教学资源，提高了教师的引导作用和学生的学习效率。多种教学形式和教学手段集于一体的混合式教学模式越来越被人们重视和认可。

混合式教学模式将线上教学和线下学习有机地融合，以学生为主导在教学进程、教学手段、教学方式、教学设计上将学生的学习方式、学习环境、学习资源、学习习惯上进行融合。通过课上录屏、教学视频、远程辅导、小组任务、网络资源、线上评测、交流研讨等形式将线上和线下、传统和网络教学结合在一起；学生通过线下自学、观看视频、线上交流、小组学习、查看资源、线上测试等形式进行学习，既加强了学习连续性（课上课下的学习接续）、学习积极性，也培养了学生的自学能力、团队协作能力、网络学习能力，提高了学习效率，同时教师也能对学生在课余时间的预习、回顾进行有效的监控和管理，又能针对学生个体差异因材施教，提高了教学效率。

二、促进传统与网络教学的有机融合

传统课程教学突出的是被动接受，轻视了学生的主观意愿和情感，约束了学生的个性

---

[1] 朱永海. 深度学习视角下混合教学系统化设计与体系化模式构建[J]. 中国电化教育, 2021 (11): 77.

化发展，强调教师的主导性和权威性，学生应保持着绝对的学习兴趣和过程，教与学产生了分离，摒弃个性化的强制培养使得学生的逆反心理、厌学心理不断地滋生，教学效果始终不能达到预期。网络教学的随意和个性化以及课程教学交互过程的缺失，也不能达到教学效果。想要将传统教学和网络教学有机融合就必须找到两种形式的契合点，通过精细的教学设计将两种模式紧密地结合，将教学进程中的预习、回顾、作业、评测、研讨、提问等引入到线上模式，将常规讲授、答疑、评价、实操等回归至课堂，良好的教学设计可以紧紧抓住学生的学习兴趣、主观能动性将其课余的学习状况和课堂的学习结果有机地把握和紧密地结合。

三、实现师生角色以及观念的转换

传统教学的教师主导带来的矛盾和单纯网络教学带来的自由、散漫和所谓的个性化都不能解决教学效率的问题。而混合式教学模式突出的是学生为主导的教学进程，教师在课堂上通过教学视频、线上平台、网络资源、小组任务、线上评测布置自学内容，学生课下通过网络进行自学、研讨、测试，汇总问题，困惑带入课堂，教师通过线上平台汇总、筛选共性问题，进行答疑，也可通过学生的讲解、答辩实施课堂翻转，从而达到教学角色的转变，由学生为主导，根据个人的兴趣和习惯自主学习、团队研讨，始终遵循在教师所制定的主体学习框架内，充分发挥其自主能动性。调动其学习兴趣，真正实现转换，提升学习效率。

四、利用互联网提供优质丰富的教学资源

网络教学的优势在于教学资源丰富，混合式教学模式借助网络的便利、丰富的资源，结合互联网和移动网络的普及，将学术资源、技能资源、拓展资源以及形象化的视频资源、媒体资源等通过碎片化或者系统化的形式引入学生学习生活，学生在课余的任何时间片段，都可借助网络进行学习、交流、研讨、提升乃至创新；教师也可通过网络实现教学资源的积累，教学成果的凝练，教学设计的思考，教学手段的丰富和教学能力的提升，从而提高教师和学生教学和学习效果。

总而言之，混合式教学是符合当前时代特征的教学模式，是教育教学在信息化框架下的深化融合；是转换教育教学思路的一种积极可取的模式；是随时随地、随心随愿的学习模式；是"互联网+"教育的必然体现；也是弥补传统教学、网络教学弊端的极佳模式。混合式教学不仅促进了教师教学理念的转变和效率的提升，也提供给了学生自主学习、个性发展的基于网络的良好环境。

第二节 混合教学系统的技术支撑

一、混合教学系统技术支撑——实时与异步交流

混合学习的形式丰富多样，通常包含混合在线与离线学习、混合自主学习与实时协作学习、混合结构化与非结构化学习等，实时与异步交流在混合学习中均得到了广泛应用。

所谓实时交流，是指网络交流的参与者能够进行实时沟通，如实时聊天室、实时视频会议等，他们可以实时获得沟通信息。通过实时交流，教师和学生、学生和学生之间可以异地同时讨论、答疑、协作、分享，可开展混合结构化或非结构化学习。异步交流是指参与者之间的沟通是非实时的，如论坛、电子邮件等，参与沟通的双方或多方之间的信息发布与接收存在延迟时间。如果说实时交流解决了教师、学生之间地理空间的限制问题，而异步交流则解决了教师、学生之间时间差异的问题，学习资源和学习时间可以被更充分、更灵活地利用。实时与异步交流为混合学习的参与者提供了灵活的沟通方式。

（一）网络聊天室

网络聊天室是一个支持多人同时在线交流的虚拟网络社区。在同一个聊天室的人们通过广播消息、文章、语音、视频等进行实时交谈。在聊天过程中，聊天者可以实时看到其他成员的对话，也可以随时加入他们的对话。聊天室通常有固定的谈话主题，并且会有一个或多个主持人主持讨论过程。

聊天室为混合学习提供了良好的平台，有助于创设一种深度在线交互的学习方式。教师和学生可以在约定的时间进入聊天室，就某一个或多个话题展开讨论。每个讨论参与者可以看到在线者的名字和其他参与者发的帖子，可以提出问题，也可以即时回复其他人的问题。一般的网络通用聊天室不需要保存聊天记录，但支持混合学习的聊天室则需要保存聊天记录。通常网络学习管理系统中都会提供聊天室工具。

（二）腾讯 QQ 即时通信

腾讯 QQ 即时通信在国内混合学习中应用得比较普遍，其主要原因是学习者大都比较熟悉腾讯 QQ 即时通信，并且拥有自己的腾讯 QQ 账号。腾讯 QQ 即时通信提供了群、讨论组、视频通信、微博、腾讯 QQ 空间、文件传送和电子邮件系统，可以即时与在线伙伴通信，交换彼此的观点和看法，提出问题或者回答问题。在集体或分组讨论、消息发布和文件传送等方面发挥着积极而重要的作用。

在混合学习中，学习者利用腾讯QQ联系其他在线学习者，开展实时在线交流，并根据需要在学习者之间传递和分发有关学习资料。腾讯QQ通信所具有的即时性和快捷性，尤其是其所具有的视频通信功能，为混合学习提供了良好支撑。

（三）会议电视系统

会议电视系统是指两个或两个以上不同地方的个人或群体，通过视频传输线路及多媒体设备，将声音、影像及文件资料互相传递，进行即时且互动的沟通，以实现会议目的的系统设备。视频会议系统隶属于实时通信系统，类似视频电话，除了能够看到与自己通话的人，并与之进行语言交流外，还能够看到他的表情和动作，使处于不同地方的人像在同一房间内进行沟通一样。

视频会议系统通常包括软件系统和硬件系统，通过现有的电信通信传输媒体，将人物的静态图像、动态图像、语音、文字、图片等多种资料分送到各个用户的计算机上，使得在地理上分散的用户，通过图形、声音等多种方式进行信息交流，模拟大家共聚一处的情境。视频会议系统可以帮助会议双方增加对内容的理解。

视频会议系统在混合学习中的应用十分广泛，尤其针对不同地理位置的学习者。借助互联网可以从事远程教学、协商和讨论交流，在提升学习者之间的沟通效率、缩减差旅成本、提高学习成效等方面具有显著优势。视频会议系统在网络远程学习中可以取代传统的面对面教学，是远程学习的一种新模式。视频会议系统在科技、能源、医疗、教育等领域都得到了广泛应用。

（四）论坛（BBS）

论坛（BBS）是互联网上的一种电子信息服务系统。BBS提供了一个共同交流环境，每个用户都可以在上面书写、发布信息或者提出看法。它是一种交互性强、内容丰富的互联网电子信息服务系统。用户在BBS站点上可以获得各种信息服务，如发布信息、进行讨论和聊天等。

论坛类似日常生活中的黑板报，其按不同的主题分成许多版块。版面的设立主要依据用户的要求和喜好。在BBS中，用户可以阅读别人关于某个主题的看法，也可以将自己的想法毫无保留地粘贴到论坛中。论坛通常也会提供邮件服务，如果需要私下交流，也可以将想说的话直接发到某个人的电子信箱中。

在论坛里，人与人之间的交流突破了空间和时间的限制。在与他人进行交往时，无须考虑自身的年龄、学历、知识、社会地位、财富、外貌、健康等状况，可能也不了解对方的真实社会身份。参与讨论的人都是在一种平等的氛围中与其他人展开讨论。

在混合学习中，设置论坛的目的是促进学习者在网上开展非实时讨论。由于各种原因和条件的限制，让所有学习者同时在线不现实。因此，采用异步讨论的形式更具实用性。由于不受时间和空间的限制，基于BBS的讨论可以无限期地延伸下去，从而保证了讨论的深度和广度。

二、混合教学系统技术支撑——虚拟现实技术

虚拟现实技术是一项综合集成技术，是计算机图形学、人机交互技术、传感器技术、人机接口技术以及人工智能技术等交叉与综合的结果。利用计算机生成逼真的三维视觉、听觉、嗅觉等各种感觉，使用户通过相应的设备，自然地实现与虚拟世界的体验和交互，即利用计算机创造现实世界。

与传统的实操教学相比，虚拟现实技术能够为学习者提供生动、逼真的学习环境，尤其是对某些危险、实现成本较高的现实环境下进行的操作，利用虚拟现实技术替代传统教学中的真实环境操作训练，可以较大限度地保障学习者的安全，有效降低培训成本。在虚拟课堂的学习中，学生可以按照教师的教学计划按部就班地学习，也可以进行自主点播学习资料、在线交流探讨，可以依据自身的个性化需求，充分运用各种方式和资源进行学习。

（一）虚拟现实系统的结构组成

虚拟现实系统由硬件设备和系统软件组成。硬件设备主要包括跟踪系统、触觉系统、音频系统、图像生成和显示系统、可视化显示设备。跟踪系统的任务是实时检测出虚拟现实中人的头、身体和手的位置与指向，以便把这些数据反馈给控制系统，生成随视线变化的图像。跟踪系统有电磁跟踪系统、声学跟踪系统和光学跟踪系统三种类型。触觉系统是使用户能用手或身体的其他能动部分去操纵虚拟物体，并在操作的同时感受到虚拟物体的反作用力。音频系统由语音和音响合成设备、识别设备、生源定位设备所构成，通过听觉通道提供的辅助信息以加强用户对环境的感知。图像生成和显示系统是模拟虚拟对象并将其呈现在显示设备上。图像生成系统会根据用户操作在合成图像的基础上，即时生成虚拟场景。一般情况下，图形工作站用于支持图像生成和显示系统高效率工作。可视化显示设备主要用于呈现模拟图像和环境，通常采用3D呈现方式，对清晰度、图像的连续性要求较高。

虚拟现实系统软件的种类非常多，主要包括面向桌面的虚拟环境系统。而面向工作站的虚拟显示软件系统通常具有更强大的功能。虚拟现实系统在开发虚拟现实应用软件方面具有快捷、简易的特点，有利于提高开发效率。

（二）混合教学的虚拟课堂教学

虚拟课堂是一种在虚拟空间创建的学习环境，是以现实课堂为原型构建起来的有组织的人工学习环境，能够使教师和学生通过计算机网络远距离地开展各种教学活动，它既具有现实课堂的一般特征，也具有自身的特性，不仅是对现实课堂的模拟、延伸与扩展，也是对现实课堂的超越与创新。

虚拟课堂教学活动根据其与现实课堂的关系可以概括为模拟现实课堂、扩展现实课堂和创新现实课堂三种类型。模拟现实课堂的教学活动分为同步直播教学和同步集体互动讨论；扩展现实课堂的教学活动分为异步点播教学、异步集体互动讨论和异步文本资料的课外自主阅读；创新现实课堂的教学活动分为以数字资源利用为主的个性化学习、以在线合作为主的小组学习和以在线群体交互为主的社会性学习。

虚拟课堂已经成为现代学校教育环境的重要组成部分，是教师教和学生学的重要场所，是学生成长的重要环境。由于社会约束弱化，虚拟社会成为自由社会，这使得主体有可能以本能化的方式展开活动。同样，虚拟课堂也会成为激发学生学习的内在动机、提升学生创造力的有效环境。因此，现代的学校教育应该正确处理虚拟课堂与现实课堂的关系，充分发挥两种课堂在育人方面的优势，综合利用两种课堂各自的功能，形成整体的教学解决方案，实施混合学习，实现两种课堂的融合。现实课堂与虚拟课堂融合的教育方式将是信息社会中教育的主要方式。

在混合学习中，可以利用网络学习系统构建虚拟课堂。虚拟课堂主要利用展示工具、白板工具、聊天室工具、问题管理工具、小组工具、课程地图等构成，模拟课堂信息传递与反馈等主要功能。

三、混合教学系统技术支撑——智能空间技术

应用于混合学习中的智能空间技术可以为学习者营造一种具有针对性和适应性的学习环境。学习者在该环境中能够更加方便地获取适应自身情况的学习资源，从而使得混合学习更为便捷、高效。智能空间技术包括以下内容：

（一）智能课堂

在混合学习领域中，智能教室是应用较为广泛的智能空间技术，我们可以通过在现实中的教室嵌入丰富的信息呈现设备、传感设备、感知模块和相应的计算机系统，把整个教室的三维空间增强为一个实时交互式远程学习系统的交互接口，使教师可以在运用自己熟悉的面对面教学方式来对现场学生进行授课的同时，透明地与远程学生进行交互，就像远

程学生也出席在现场一样。

　　智能课堂又称智慧课堂，它集成了声音识别、计算机可视化和相关感知、通信技术、音频反映技术、特殊软件和辅助听力设备，能够利用自然接口提供与真实生活相类似的经验。智能课堂离不开高素质的教师和智能型教学设备。课堂教学设备的多媒体化、网络化和智能化是实现智能课堂的基础和前提，熟练掌握现代教育媒体和现代教学方法的高素质教师是智能课堂的保障。智能课堂通常会配置数字投影仪、计算机网络、音响系统、触摸屏控制系统、电话、视频输入和文件传送器等。

　　智能课堂中的混合学习为学习者提供了持续的、不受时间限制的学习环境，有利于实现个性化学习。因此，基于智能课堂的教学能够比较好地解决学习者的差异性问题，为学习者公平、平等的发展提供基础，使不同学生有更多自由发挥的机会，也可以得到教师更多的指导和帮助。同时它将最大限度地满足不同类型和需要的多样化的学习者目标。适用于学习者群体，包括那些有特殊需要的学生也被考虑在内。

（二）智能空间

　　智能空间是一个将物理世界和信息空间融合起来的重要研究领域，注重自然的人机交互，适应用户和设备的动态演化，能够帮助用户高效地完成任务。智能空间具备感知或观察、分析或推理、决策或执行三大基本功能，主要体现在：①物理世界中的物体与信息空间中的对象互相关联；②物理世界中物体的状态变化会引发信息空间中相关联的对象状态的改变，反之亦然。其目的是建立一个以人为中心的充满计算和通信能力的空间，让计算机参与到从未涉及计算行为的活动中，让用户能像与他人交互一样与计算机系统发生交互，从而使用户能随时随地、透明地获得人性化服务。智能空间主要包括硬件设备、普适网络和系统软件三大部分。

　　智能空间的明显特点是利用普适网络连接物理世界。作为一种普遍互联的环境，智能空间包含计算机、各种物体之间以不同方式产生的相互连接。智能空间的网络环境包含互联网、自组织网络、无线传感器网络等不同类型的网络。普适网络是以多种无线网和移动网接入互联网实现的异构集成网络，由用户、物理世界中的感知器、嵌入计算资源、系统提供的服务四部分共同协作构成的空间，具有移动性、多样性、间断通信、提供动态性和暂时性服务等特点。普适网络支持异构环境和多种设备的自动互联，能感知物理的传感器节点和设备，其运作过程是嵌入计算资源利用感知器的感知结果，通过计算使用户获得系统所提供的无处不在的通信服务的过程。

第三节　混合教学系统中的网络教学平台

一、混合教学系统中网络教学的组织体系

随着计算机在教育领域的应用普及和多媒体技术、网络技术的不断进步，计算机辅助教育（CBE）在信息时代现代化教育中的地位日益上升，显示出了传统教育所不能比拟的优越性。计算机在教育领域的各类应用通常被称为计算机辅助教育。计算机辅助教育包括两大方面：①计算机辅助教学，作为现代教育技术中的主要内容正成为授课教师的得力工具；②计算机管理教学，已经用于学校的日常教学管理之中。

网络教学评价是网络教学的重要组成部分，对网络教学质量起着重要的把关作用。与传统的教学评价相比，网络教学评价显得更为重要和复杂，这是由网络的非现实性决定的。它使教学的环境变得更为复杂，导致教师以及相关的评价部门有时难以观察到学生的真实行为，难以对教学效果做出综合性的判断。

网络教学评价属于教育评价的子范畴，指在网络环境中，依据一定的教学目标，借助网络技术与工具，采用相应的评价方法，对网络教学过程及其结果进行测量，并做出价值性判断。网络教学评价一般包括对网络教学过程中教师、学生、教学内容、教学方法、教学环境、教学资源学习支持服务和教学管理等诸因素的全面评价，但通常情况下的网络教学评价，主要是对学生的学习、教师的教学、教学资源及学习支持服务的评价。

（一）网络教学的具体评价内容

课堂教学评价主要针对学生、教师、教学内容和媒体四个必要因素。网络教学的目的主要是给学生提供学习的途径、资源和方法，使学生获得知识与技能，最终实现个人的全面发展。因此，对学生的评价是网络教学评价的主要内容。同时，教师也是网络教学过程中必不可少的必要因素。需要注意的是，在网络教学中，教师和学生在时空上是分离的，基于教育教学手段的特殊性，就需要将教师与学生有效衔接在一起，其中的纽带就是网络学习资源和网络学习支持服务。因此，网络教学评价包括对学生、教师、网络学习资源、网络学习支持服务方面的评价。

1. **学生评价**

学生是学习活动中的一个重要主体，因此网络教学更应该注重为学生提供更加便捷、灵活且丰富的学习方法、学习资源和学习途径，从而使学生获得技能与知识双重的提升，

提高学生的综合素养，促进学生全面、和谐、健康发展。因此，在现代网络教学环节中，教师应当重视对学生学习结果、学习过程的评价，进而满足学生个性化需求。

（1）学生学习过程的评价。现代教育评价理论已经跳出仅仅针对学生学习结果进行评价与测量的窠臼，针对学习过程的评价受到日益广泛的关注和重视。在网络教学评价中，对学生学习活动（过程）的评价尤为重要。通过对学习活动的评价能够发现学生在学习过程中遇到的困难与问题，从而为及时反馈、改进教学提供依据；通过对学生在学习活动中的表现进行监控评价，也能够了解学生学习的积极性、主动性、态度、风格等不易直接观察而又对学习至关重要的方面，从而为学生提供个性化的服务与帮助。

此外，对活动或过程的评价能够帮助学生清晰了解个人学习现状，找到努力的方向，从而提升学习质量，取得显著的学习效果。因此，对学生学习过程的评价主要包括：对学生参与学习活动情况的评价，如交互程度、答疑情况、解决问题的策略与能力等；对学生资源利用状况的评价；对学生学习态度的评价。关于学生学习过程的评价，具体如下：

第一，学生参与学习活动情况的评价。学习的过程就是学生与教学的其他要素进行交互的过程，学生参与教学活动的行为即为学习效果的表现，对这些行为的评价可有效调控学生的学习。借助网络交流工具，学生可以收获更加丰富的学习资源，而教师也可以从平台显示的相关数据了解学生参与学习活动的情况，统计学生与线上教学资源、其他同学以及教师交互对话的程度，并且还可通过网络平台讨论区上的发言数量，掌握学生对学习信息的认知情况，进而探究学生学习的积极性和主动性，从而为后续教学活动的展开做出适当的调整。另外，网络平台还可以显示学生提问问题的种类、数量以及提供解决方法的次数，使教师能够对学生的学习情况有更加全面的了解。

第二，学生资源利用情况的评价。网络环境为学生的学习提供了丰富的资源，但并非每个学生都能在资源利用方面达到优秀，如果不善于利用资源，会使学生迷失在庞大繁杂的信息海洋中。因此，学生利用网络学习资源的能力和水平，对其学习效果具有至关重要的影响。具体来讲，学生资源利用情况的评价主要是对学生在学习资源、网络教学平台使用方面情况的评价。例如，教师可以通过网络平台上展现的学生登录时间、注销时间，来确定学生借助网络平台进行学习的时间，也可以从网络课程内容的浏览数量、浏览范围方面，了解学生所学习的课程内容和学习进度，并借此掌握学生对相关内容学习的广度和深度。除此之外，教师也可以利用学生向问题中心提交的问题和解决方案、在讨论区发言的情况以及发表的资料，甚至是对网络课程的修改、建议等，了解学生学习的态度、对学习主题的理解、问题的解决情况等。

第三，学生学习态度的评价。学习态度是习得的、影响个人对学习做出行为选择的、有组织的内部准备状态或反应的倾向性。通常，态度是由三种具有层次性的心理成分组合而成的，即认知成分，主要是对事物的了解和评价；情感成分，主要是对事物的喜爱或厌恶程度；意向成分，主要是反应倾向、行为的准备倾向或行为的准备状况。特定的学习态度并不决定特定的行为表现，但学习态度在一定程度上会导致学习行为的某种趋向。一般情况下，意向成分制约着人对某一事物的行为方式，所以可以通过对行为方式的测量，推测其认知和情感成分。同样，由于态度具有可变性，也可以通过对学习活动中前后两种学习态度进行对比来实现对学习态度的测量评价。

(2) 学生学习结果的评价。任何教育教学最终都是为了促进学生知识的增长、能力的提高以及发展的全面化。通过对学生学习结果的评价，可以获得教学对学生所产生的影响。对学生学习结果的评价主要是通过对网络教学完成后学生达到教学目标的程度、完成任务的状况、达标测试的成绩、实践作品的优劣、信息素养的提高和创新精神的培养等各种学习结果的评价实现的，依据这些评价，可以判定网络教学在教育教学中的效用。学生学习结果的评价具体如下：

第一，学习目标达成度。学习目标达成度是学习目标的实现程度。人们将认知领域的学习目标从低级到高级分为六级，即记忆、理解、应用、分析、评价与创造。通常，可以通过设计各种测验来对学生的知识发展变化进行评测，以达到评价学生学习目标达成度的目的。

第二，任务完成情况。对学习任务完成情况的评价主要从学习任务的完成程度和完成效率方面来考查。在学习活动中，学生讨论问题、与他人交流对问题的看法、自身思考问题、收集与问题相关的资料、提出问题的解决方法、对问题下结论等都是任务完成情况的表现，整个过程可划分为三个阶段：问题的提出、问题的解决和对问题解决方案的评价，对任务完成情况的评价既可从这三个方面展开，也可从解决问题的每个步骤入手进行评价。

第三，达标测试。达标测试就是根据测试目的，让学生在规定的时间内，按指定的方式，解答教师预先准备的测试题目或是量表题目。测试结果用数值的形式表示，是更全面评价学生的基础。达标测试是教学评价的一种测量手段和资料收集手段，主要有成绩考试、水平测验和诊断测验等几种类型。其功能主要有：鞭策与激励学生的学习、改善教师的教学、评价教学的效果等。

第四，实践作品。网络环境下的学习具有很大的自主性，但这种自主性不是随意的和任意的，而是在一定教学目标的规定下进行的。教师通常会采用任务驱动策略进行教学，通过学生任务完成情况对学生的学习进行评价，任务完成的表现形式可以是口头报告、作品、实验等实践作品。实践作品在一定程度上反映了学生的学习过程，也体现了学生学习的效果，反映学生对知识、技能的掌握程度及其能力提高的程度。

第五，信息素养。在网络教学中，对学生信息素养的评价主要从三个方面进行：①信息知识，指一切与信息有关的理论、知识和方法，如对信息、信息化的性质、信息社会的影响等方面的认识与理解。②信息能力，指有效地利用信息设备和信息资源获取信息、加工处理信息以及创造新信息的能力，如使用信息工具的能力，包括对搜索引擎、浏览器、文字处理工具、电子表格软件、多媒体课件制作工具的使用，以及获取和识别信息的能力，即能在网络的信息汪洋中寻找自己需要的信息并进行批判、识别和使用的能力。③信息意识和信息伦理道德：信息意识主要指人们在信息活动中产生的认识、观念和需求的总和，如对信息社会的了解以及信息社会对自己行为的要求、对信息的敏锐力等；信息伦理道德是针对当今网络信息泛滥，信息垃圾和信息滥用行为的肆虐而提出的。

第六，创新精神。培养学生的创新精神主要从培养创新意识、创新思维能力、创新实践能力、创新品格等方面着手。

2. 教师评价

现代网络教育颠覆了传统教学模式中"教师为信息传递者，学生为信息接受者"的情况，并逐步实现了教师向与学生合作学习过程中的协调者和组织者、学生学习过程中的评价者和指导者、网络教育活动的研究者和管理者以及学习资源的开发者和设计者的转变。

现行的网络教学活动在教师对学生进行指导和帮助、指导学生对学习资源的利用以及教学活动的组织三方面提出了更新、更高的要求。教师不仅需要对网络教学环境有更加全面、深刻的认识，充分发挥网络环境的功能，还应该根据学科的特点和学生的实际情况，充分激发学生的积极性和主动性，使得他们能够合作、探究、自主学习。具体而言，现代网络教学对教师的评价主要包括以下三方面：

（1）教学活动的组织。教学活动是网络教学过程中的重要环节，教学活动组织得好与坏直接关系着网络教学质量的高与低。因此，网络教学评价应重视教师对教学活动组织的评价，具体可从八个方面进行：①教师是否能及时调整和引导学生行为，激发学生学习兴趣；②教师是否关注学生的各种学习表现；③教师是否针对不同学生的能力为其设计不同程度的练习或作业；④教师是否及时批阅学生练习或作业并给予个性化且针对性的反馈意见；⑤教师是否在学生遇到疑难时给予及时的引导与帮助；⑥教师是否有效地组织学生参与讨论区的交流和讨论；⑦教师是否根据网络教学系统对学生发言人数、发言量、发言时间和讨论情况等统计结果进行有效分析；⑧教师是否根据分析的数据做出精准决策，如为学生提供适时的关注和恰当的学习方法与策略指导等。

（2）学习资源的提供。网络教学主要是学生的自主学习和小组协作学习，为此，学生学习效果的好坏在一定程度上与教师是否提供有效的基本学习资源使学生获得更多的知识和技能有关，与教师是否提供与课程或专题相关的扩展性资源来帮助学生深入探究某个问题有关，与教师是否及时更新相关的学习资源有关。学习资源的提供要从量和质两个方面进行综合评价：①教师要为学生提供丰富多彩、学科相关的学习资源，开拓学生的视野，增长学生的见识，满足他们个性化需求；②教师应对网络资源进行加工处理、去伪存真，使其具有序列化、逻辑化的特点，方便学生对学习信息进行检索的同时，也提高了学习效果。

（3）学生成绩。学生成绩在一定程度上反映了教师教学的水平和能力。为此，可以结合相关内容对教师进行评价：①教师是否根据学生平时的测验练习、实践作品、考试成绩进行多元评价；②教师是否结合了多种评价方式对学生成绩进行评定等。

3. 学习资源评价

传统教学中学习资源是相对稳定的，往往是一些比较固定的学习教材和辅导资料。但在网络教学环境中，学生的学习不再受时间、空间的限制，网络学习资源成为整个教学活动实施的主线和开展网络教学的基础，学生获取知识、增强能力的渠道也更多元化。丰富的资源和便捷的资源获取方式可谓是网络教学的突出优势。

（1）现代网络学习资源的类型。根据网络学习资源的构成方式可以把网络学习资源分为三大类：①基础资源，包括网络课程教学中用到的文本、图形图像、动画、音频库、视频库、学科基本符号和学科基本图形库；②集成资源，包括微教学单元库、案例库、试题库、常见问题库、名词术语库、参考资料库、网址库和共享软件库等；③整合资源，包括微课、优课、网络课件、虚拟仿真教学资源、在线开放课程等形式。网络学习资源包括网络上所有可能对教学活动有帮助的信息资源，强调多种媒体形式的有机呈现，大量的网络学习资源形成了高度综合、集成、数字化的学习资源库。

（2）网络学习资源的评价内容。网络学习资源的质量是反映网络教学质量的重要指标，是学习内容的集合，是学生直接与之发生交互的对象。因此，对网络学习资源质量的评价是网络教学评价不可缺少的重要组成部分。通常，对网络学习资源质量的评价主要是对网络学习资源的目标与内容、结构与功能、超链接与导航、多媒体表征与素材质量以及技术规范的评价。

第一，对目标与内容的评价。对目标与内容的评价主要是看教学目标是否清楚、可实现，教学内容是否具有科学性和教育性，是否能够激发学生学习的主动性和兴趣、调动学生参与交流与讨论的积极性。除此之外，目标能否因人而异、内容能否及时更新也是评价的重要参数。

第二，对结构与功能的评价。对结构与功能的评价主要是看网络学习资源的组织与呈现是否结构紧凑，是否具有系统性和逻辑性，是否能体现教学的引导作用，是否有利于学生对知识的接受和参与。

第三，对超链接与导航的评价。对超链接与导航的评价主要看导航是否合理、便于使用，是否能够清楚地帮助学生定位自身在课程中所处的位置而不致发生网络迷航现象；对超链接的评价则主要看其是否清楚一致、具有学习过程记录功能，是否便于学生随时进入学习内容、实现同化与顺应的过程并完成对知识的意义建构。

第四，对多媒体表征与素材质量的评价。对多媒体表征与素材质量的评价主要是看媒体形式是否丰富，媒体与内容是否具有内在的一致性，即采用特定的媒体对特定的教学内容表征是否是最合适的，是否允许不同风格的学生以个人偏爱的方式进行学习，是否允许学生从不同的角度实现对同一内容的探究学习，素材是否经过加工整理，是否丰富多彩、符合教学需要等。

第五，对技术规范的评价。对技术规范的评价主要看所使用的技术是否具有通用性、符合特定的技术标准；是否具有可扩展性、稳定性，能够支持不同的学习策略，便于学生获取信息并对信息做出加工处理。

4. 学习支持服务评价

在网络教学中，网络是媒介和基础，是教师、学生及学习资源之间联系的纽带，它使得教与学的活动在时空上分离。如果网络学习支持服务出了问题，那就意味着教师、学生及学习资源之间的联系被割断，网络教学将无法进行。因此，网络教学的实现需要可靠、安全的网络教学平台和网络学习支持服务。在开展网络教学前，要充分考虑网络学习支持服务的安全性、稳定性、便捷性，以及它对教学交互和教学策略的支持能力等方面的问题。网络学习支持服务既包括以物为主的网络教学平台，又包括以人为主的学习支持服务。只有网络学习支持服务系统有良好的功能，网络教学才可能有成效。

（1）网络教学平台的评价。网络教学平台主要包括教师备课平台与工具、实时交互授课系统和学生学习平台。教师备课平台与工具帮助教师对大量的学习资源进行系统性加工整理，从而为教师提供更加快捷的资源检索、组织手段，方便教师展开教学活动。实时交互授课系统则借助网络技术构建了一个规模可扩缩的虚拟教室，帮助师生之间进行实时交互。学生学习平台主要为学生提供了文字交流、视听以及多媒体功能。

网络教学平台着眼于创造一个从传统课堂延伸出来的网络教学环境，为师生课后交流提供方便，通常包括通知、师生讨论、辅导答疑、作业发布、资料学习、网络测试等功能。对网络教学平台的评价主要包括技术系统和教学系统的评价。技术系统即网络系统，是为教学提供的技术平台；教学系统是指平台能够实现自主学习、协作学习、讨论学习和探究学习等功能的合集。收集的评价数据主要包括系统稳定工作时间、系统工具利用率、系统资料的丰富程度等，这些数据可以通过管理员、教师、学生的反馈和问卷调查来获得。

(2) 网络学习支持服务的评价。网络学习支持服务的评价是指对开展网络教学过程中提供的各种服务的评价。这些服务既包括教师给学生提供的教学指导服务，也包括信息技术人员提供的系统运行服务、工具使用服务、技能培训服务等。因此，在网络教学的硬环境和软件教学资源逐步完善的同时，应该重点强调软环境，包括信息技术服务队伍建设、服务规范建设，以及教师在网络教学环境下的指导方法与指导内容等的建设。网络教学服务质量的好坏是直接决定网络教学能否成功的关键。网络教学只有具备了良好的网络教学平台和网络学习支持服务，才能为学生的学习创造良好的学习环境。因此，要加强重视对网络学习支持服务系统的评价，改善网络教学平台的功能，提高网络教学服务的质量。

（二）网络教学评价的特征及功能

1. 网络教学评价的具体特征

网络教学评价与传统教学评价相比有其独特个性。例如，在评价目标方面，网络教学评价以提升学习者素养技能、促进学习者发展为评价终极目的，而传统教学评价主要为了甄别和选拔；在评价内容方面，网络教学评价更侧重对学生核心素养的评价，而传统教学评价重点考查学生对学科知识的记忆和理解；在评价方式方面，网络教学评价采用新兴智能处理技术，实现评价数据的收集、分析，以及结果的反馈，并有机结合量化评价和质性评价，而传统教学评价方式相对单一，以纸笔为主，注重量化结果。

当前，云计算、大数据、物联网、移动计算等新技术受到广泛应用，网络教学环境大幅改善，不断推动网络教学评价朝着智能化、智慧化方向发展，使得现阶段的网络教学评价具有不同于以往的特点，具体如下：

（1）利用大数据。在当前这个数据为王的时代，数据成为重要的无形资本，它为教学评价，尤其是网络教学评价提供了崭新的思路。大数据能够收集在过去既不现实也不可能集聚起来的反馈数据，其背后蕴藏的重要信息对提高教学有效性等具有重要作用。通过对网络教学系统采集的大数据进行挖掘和分析，可以探索教学评价、学习内容、学习方法等变量与学生学习效果的相关关系，使得教学评价更加全面、客观，进而使得了解、评估、预测教学行为更加简单、精准、科学。

（2）注重学习分析。网络教学评价数据来源广泛，数据集过大，数据类型繁多，数据更新速度过快，势必要采用学习分析技术进行科学处理。换言之，以数据驱动的网络教学评价必然包括大量以不同目的命名的"分析"。网络教学评价依托学习分析为学生提供实时行为和内容活动反馈、推荐社交网络信息等分析报告等，主要目的在于优化学生的学习进程。

例如，网络学习系统记录并理解学生学习的过程及不同的学生在不同的情境中是如何学习的，这些数据可以作为评价学生学习的数据。通过数据进行学习分析，可分析出其背后的原理，进而为不同的学生设计个性化的学习方案，推送不同的学习资源，优化和改进不同学生的学习方法。

（3）强调过程动态性。学习是一个动态发展的过程，评价主要是为了促进学生的学习和发展。因此评价不仅要在学习过程结束后进行，更要贯穿于学习的全过程中。网络教学评价强调对网络教学的过程进行实时监控，利用即时的反馈信息来指导、调控甚至补救网络教学与学习活动，不过分追求目标的标准化和方法的规范化。因此，网络教学评价强调实时动态性，注重评价标准的多维性、评价过程的对话性、评价方式的多样性、评价目的的发展性、评价机制的激励性等，进而实现网络教学评价系统与网络教学系统的无缝衔接。

2. 网络教学评价的相关功能

网络教学的特点决定了它具有与传统教学不同的评价功能。网络教学的数字特征决定了它的功能主要是对网络学习过程中师生的在线行为进行精确的把握与分析，以对网络教学过程中的教学效果及目标等做出评价判断，对教学过程进行监控，以保证教学的质量。网络教学评价具有一定的导向、诊断、调控和激励功能，具体内容如下：

（1）导向功能。网络教学评价的导向功能是指网络教学评价本身所具有的引导评价对象朝着理想目标前进的功效和能力，这是由评价标准的方向性决定的。因为在网络教学评价标准具体规定了评价的各方面以及各个方面所占的权重。对被评价对象来说，这些评价方面及其权重起着"指挥棒"的作用，为其努力指定方向，被评价对象必须按目标努力才能达到合格的标准，否则就得不到理想的评价结果。

（2）诊断功能。网络教学评价的诊断功能是指通过对分析与评估网络教学过程中师生的在线行为等因素，对网络教学实施过程中存在的问题进行分析与归纳，得出当前网络教学活动中存在哪些问题，问题出在哪些方面和具体成因，并提出相应的修改意见。网络教学评价就像一张晴雨表，时刻监控整个教学过程，起到诊断的作用。

（3）调控功能。从网络教学评价的结果中得到的信息可以让网络教学的实施者和接受者从中发现问题，并及时进行修正和补救，从而使网络教学活动在不断循环修正中得到改进，使网络教学活动更顺利、有效地进行。通过将网络教学过程科学、全面、合理地呈现给设计者和使用者，网络教学评价可以对教学活动提出建设性的意见，以达到对其调控、改进的目的。

（4）激励功能。网络教学评价使教师和学生认识到自身存在的优点与不足，激发他们的竞争欲望，激起他们的内部动力和主观能动性，以追求更好的评价结果，从而起到教学相长的效果。此外，各种评价结果可以激励开发者对教学支撑平台的设计进行优化。

（三）网络教学评价的不同阶段

网络教学评价是一个动态的、循环往复的过程，它需要教师、学生、管理者在使用过程中，通过论坛、问卷、访谈记录等形式不断进行评价。尽管对不同评价对象的评价方式有很大不同，但一般都经历设计、实施、分析、反馈四个评价阶段。随着网络技术在教育教学领域的迅速发展和广泛普及，网络教学的评价方法也出现了新的工具支撑，大数据、学习分析、可视化等新型网络教学评价方法正大势影响传统评价方法，并受到专家学者以及一线教师的关注及应用。

网络教学评价过程一般包括四个阶段，即评价设计、评价实施、评价分析和评价反馈。每一阶段都有相对的操作，即评价设计阶段包括明确评价目标、分析评价内容、确定评价主体、选择评价方法；评价实施阶段包括制定评价标准、收集评价数据；评价分析阶段主要是指分析数据，得出结论，形成评价报告；评价反馈阶段主要是指反馈评价意见，并根据反馈意见，修改、完善网络教学。网络教学评价的过程具体内容如下：

1. 网络教学的评价分析阶段

在评价分析阶段，要用统计产品与服务解决方案（SPSS）、Excel 等工具对评价的数据进行初步的分析和处理，包括获取信息、去除无效信息、进行误差诊断、鉴别资料的使用价值等，以确定评价的有效性；而后对资料做初步分析，将各类数据与评价标准做比较，考察各种现象的相互关系，对反映学生学习过程和结果的资料和数据进行归纳和分析，形成综合判断，得出结论。数据分析和处理的最终目的是对教学的效果进行诊断或价值判断，诊断出教学或学习中的问题，并提出解决问题的策略和方法，形成评价结论和报告。

2. 网络教学的评价设计阶段

良好的网络教学评价，在一定程度上取决于它科学合理的评价设计。网络教学评价的设计是根据网络教学与发展的需要，确定评价的目标、内容、主体和方法，并规定评价实施的具体活动，如在何种情况下进行评价、何时评价、以怎样方式实施评价等。评价设计是整个评价的灵魂所在，体现了评价的理念，指导着评价的顺利实施。具体而言，评价设计包括以下环节：

（1）明确评价目标。评价实施前先要确定评价的目标。评价目标的确定一方面是对评价对象应达到的标准的确定，这是指标体系建立的依据；另一方面也要明确该次评价的目的，是为了评优、考核等分等级的终结性评价，还是以发现问题、诊断提高为目的的形成性评价，或是两者兼有，这将对评价实施及评价结果处理产生重大影响。可见，评价目标的确定是影响评价质量和效果的根本因素。

网络教学评价目标的确定，不仅要确定包括知识与技能、过程与方法、情感态度与价值观在内的、要求全体学生都能达到的三维目标；还要融入学科核心素养，如语文学科的语言建构与运用能力、数学学科的逻辑推理能力、英语学科的语言能力等；最后培养学生成为全面发展的人。此外，由于网络教学中学生的水平参差不齐，教学目标应是有层次的、动态的。

（2）分析评价内容。网络教学评价涵盖的教育元素、教育活动比较广泛，评价任务比较复杂。根据当前的研究，网络教学评价的内容已超出了通常意义上教学评价，它不仅包含学生、教师、教学内容和媒体四要素，还包括网络学习支持服务等各方面的教育活动和要素，而且它们之间是紧密联结的。

（3）确定评价主体。评价主体的确定回答的是"谁来评价"的问题，不同的评价主体有不同的评价方式与标准。网络教学评价注重他人评价和自我评价相结合。他人评价的主体可以是学校管理者、同行教师、学生、社会用人单位、家长等。由此可见，网络教学评价设计应当注意评价主体的多元性。主体的多元化，可从多个方面多个角度出发，能对教学活动进行更全面、更客观、更科学的评价。

（4）选择评价方法。网络教学评价可以采用多种方法进行综合评价。根据不同的评价目的，评价方法也应有所不同。测验是网络教学评价的一种重要方法，如果评价是为了了解学生认知目标的达标程度，测验是最常用的工具。调查也是网络教学评价的一种重要方法，作为网络教学评价的重要手段，它可以了解学生的学习兴趣、态度、习惯和意向，获得各方面主体对教学过程和教学效果的意见，也可以通过调查了解网络学习资源对学生产生的效果等，从而判断教学或是学习资源的有效程度，为改进教学或学习资源提供依据。此外，还可以利用各种评价工具对网络教学进行评价，如大数据技术、学习分析技术、可视化技术。具体选择哪种评价方法，应根据评价的目标和需求来确定。

3. 网络教学的评价实施阶段

评价的实施是评价人员根据评价方案，利用各种评价手段，完成网络教学评价计划所规定的任务，达到评价目标达成度的过程，它是网络教学评价的具体化与实际化。

为了进行评价，通常需要通过多种途径收集有关资料。教学评价所需要的资料主要来自教学过程，包括一些反映学生学习结果的数据资料和描述学生学习过程的描述性资料，根据所收集的资料的不同，通常需要先选择或设计相应的评价工具，包括测验题、调查问卷、观察表格等。评价实施具体如下：

（1）制定评价标准。评价的组织者需制定相应的评价标准，开展网络教学评价。例如，可以从网络平台提供的试题库或问卷库中选择已有的问卷直接使用或者稍加修改后使用；也可以手动或自动生成试卷、问卷或评价量表，向学生阐明评价的具体内容，如要求学生完成实践作品、电子作品等，依据一定的评价量表，对学生的作品进行评价。

对评价对象发放评价量表，对网络教学进行评价，具体过程可从两方面进行：①利用网络系统的评价功能，对网络教学效果进行评价。利用网络教学平台收集学生课程学习、在线自测、在线作业、学习自评等关于学习目标、学习计划、学习作品、学习评价、学习反思方面的资料，收集教师在问题答疑、教学组织、作业批改、作品评价等方面的信息，从而获得反映学习过程的多方面的资料。②根据评价量表，对学生、教师等课程参与人员进行问卷调查或访谈。量化的数据可以通过程序进行自行统计分析，但是只有这些数据是不够的，还需要评价人员收集学生情感、体验以及隐藏的问题，这就需要进行调查或者访谈，通过文字表述这些调查结果，然后再通过一些语言分析方法，对其进行分析。

（2）收集评价数据。评价数据的收集是网络教学评价的重要阶段，是对学生进行学习评价的依据和来源。数据收集得是否完备、正确、有效，在很大程度上影响着网络教学评价的质量。评价信息的收集主要指利用相应的评价工具对学生学习过程中所表现出来的、体现学生学习与发展状况的资料和数据的收集，包括使用测试、调查问卷、观察表格等对学习的过程和结果进行观察和记录。

（3）评价注意事项。网络为学生的学习提供了宽松的学习空间，使学生在学习的过程中可充分发挥自身的主动性和创造性。因此，网络教学评价不可能再像传统课堂教学那样由教师根据已制定的统一评价标准对学生进行评价，而是要求教师本着促进学生发展的原则，使学生充分发挥自己的积极主动性，参与评价过程，客观、公正地评价。因此，实施网络教学评价时应注意以下内容：

第一，预置教学目标。在网络教学中，学生有较大的自主权和控制权，为避免学生在学习的过程中迷途，在开始教学之前，教师可预先通过提供范例、制订学案等方式使学生对自己要达到的目标有一个清晰、明确的认识，这样，学生就会主动地使自己的工作与学习任务的预期要求看齐。

第二，贯穿教学过程。在网络教学中，评价是贯穿于教学过程的始终的，是伴随着学生的学习随时进行，并频繁发生的。教师在给学生的学习提出预期之后，还要在整个学习过程中不断地提醒学生按照评价目标的要求来检查自身的努力是否有效。网络教学评价的目的是及时判断学生的现实表现与教学目标之间的差距，进而及时改变教学策略。因此，评价应满足学生的需要随时进行，促进学生的全面发展。

第三，注重过程性评价。在网络教学中，评价的重点应放在怎样使学生的能力得到发展和提高的过程上，而不是放在判断学生的能力、状态的结果上。在评价时要关注学生在实际的学习过程中所表现出来的提问、寻求答案、理解、合作交流、创新和评价等方面的能力上，评价要以学生的表现为基础。

第四，强调自我评价。在网络教学中，学生多采取自主学习的方式进行学习，学生的自我评价在整个学习过程中非常重要。同时，提高学生的自我学习能力和自我评价能力也是网络教学的目标之一。因此，网络教学评价强调学生的自我评价，要让学生有机会制定和使用评价标准，尽可能鼓励他们进行自评和互评，促使学生进行负责的评价。

第五，采用多样化评价方式。在网络教学中，评价的过程应当精心策划，应以学生能力的发展和素质的提高为核心。为了使网络教学评价切实反映学生的学习状况，可将多种评价方式结合起来从多个方面反映学生的学习状况；可将传统的教学评价方式和现代的网络教学评价方法结合起来从学习过程和学习结果两个方面评价学生；在评价人员的构成上不仅包括专家、教师，也应该包括学生自身，体现评价主体的多元性；可将形成性评价和总结性评价结合起来，充分发挥评价对学生的诊断指导和反馈激励的作用。

4. 网络教学的评价反馈阶段

评价结果的反馈主要指将在评价过程中发现的问题及在学生学习过程中存在的问题反馈给教师和学生本人，以便明确以后学习中促进学生发展的改进要点，并制订相应的改进计划。网络教学评价的及时反馈，能够使师生充分认识到自身的得失，及时调整教与学的方法策略，互为补充，教学相长，共同提高。评价反馈作为网络教学过程的一个重要环节，始终交织于教学过程中。教师对反馈信息处理的精细程度直接影响着教学过程中的双要素——教师和学生之间的互动质量，并最终作用于教学效能。

（四）网络教学的相关评价方法

1. 基于大数据的网络教学评价

随着网络技术在教育教学领域的迅速发展和广泛普及，网络教学的评价方法也有了新的工具支持，量规、电子作品概念图等也一度成为网络教学评价的常用方法，但仍存在数据不准确、过程型数据遗漏或是无法采集、分析结果缺乏综合性、教学决策精准度不够等多种弊端。教育大数据的应用则为克服现有网络教学评价中的不足提供了效果良好的解决方案。

（1）大数据对网络教学评价的支持。基于大数据的网络教学评价是指通过采集学生学习过程或学习结果的数据，从而对学生的网络学习情况进行评价的一种形式，它克服了传统教学评价耗时长、数据不准确、过程型数据遗漏或无法采集等多种弊端，有利于实现对学生的全面评价，促进学生的综合素质与能力的发展。大数据对网络教学评价的支持具体表现如下：

第一，提供多方参与评价的途径。传统的教学评价主要针对学生的学习成绩测试，评价主体也主要涉及学校相关部门和教师，全程评价表现出不可逾越的封闭性特征。当前则需要学生具备问题解决能力与批判性思维，主要强调学生的综合素养评价。评价既包括过程性评价，也覆盖总结性评价；既有外在学习行为表现，也有内在学习心理表征等。基于大数据的网络教学评价不但能实现对多维教育教学数据的深度分析，还能向不同参与者提供评价的途径。教师通过数据反馈结果了解学生表现并以此为依据调整教学，满足学生的个性化、个别化学习需求；家长通过数据情况熟悉孩子的强项以及可提升的领域，从而为孩子提供最适宜的学习建议；教育管理人员可通过数据分析了解何种项目对提升学生的综合素质成效明显，进而实现高效便捷管理等。基于大数据的网络教学评价提供了学生在不同情境下学习数据，为多方主体共同参与评价架设了桥梁。可见，借助大数据技术的支持，网络教学评价更加多元立体，更加持续有效。

第二，推动数据驱动的教学决策。数据驱动决策在教育中是指收集、分析、报告和使用数据并用于教育教学改进的过程。基于大数据的网络教学评价支持学生学习偏好设置、学习内容推送、学习方式优化、学习效果评价等方面的教学决策。教师可利用教育大数据改进与优化自己的教学决策。例如，教师可利用大数据分析需要在何种时机对哪些学生以何种方式安排何种教学内容。同时，教师也可以利用学生产生的大数据，或是借助与外部大数据的对比分析，深度评价学生的学习效果，分析学生的学习偏好与个性化需求，进而分析学生群体的学习需求。此外，教师还可利用大数据分析哪些学生更适合开展小组学习，如何分组更合理等。针对学习困难的学生，通过大数据，教师可分析学生于何种环节、何种类型内容的学习方面存在问题，进而挖掘影响学生学习的深层因素，以便给出适当的学习支持与干预。因此，借助大数据技术关键在于"数据"的驱动，使得教学决策更加全面且精准。

第三，促进学生进步的发展性评价。发展性评价是指通过系统地搜集评价信息并进行分析，对学生的教育活动进行价值判断，实现其发展目标的过程。发展性评价主要发挥评价诊断的功能，突出评价的过程，重视学生的个性差异，因此，开展发展性评价往往要和学生的学习过程紧密结合，进行长期追踪。基于大数据的网络教学评价不再依赖对单一评价对象的单一评价维度实施评价，而是尽可能地将网络教学评价的多方数据纳入其中，包含结构化数据的获取以及非结构化数据的收集，旨在获取更为全面的数据，促进学生的发展性评价。大数据技术寻找关联性的思维模式契合了网络教学评价情境下对充实依据与有效证据的本真需求。这种基于大数据的网络教学评价，为学生实现个性化、差异化的学习发展目标提供了有效支撑。

（2）基于大数据的网络教学评价过程。基于大数据的网络教学评价过程可分为多个阶段，即：确定评价目标与标准、明确数据采集对象与内容、实施数据集成与清理进行数据转换与分析、完成数据解释以及反馈。

2. 基于学习分析的网络教学评价

学习分析技术注重监测和预测学生的学习成绩，及时发现潜在问题，为教学过程提出有针对性的改进策略和教育决策，如通过仪表盘或构建图形化模型等方式对学习过程进行评估、追踪预测和分析，以实现个性化学习。基于学习分析的网络教学评价为提升学生学习质量提供了新的思路，并以数据驱动的方式改进网络教学实践，促进学生个性发展。

（1）学习分析的特征。学习分析技术分析的对象是学生及其学习环境，目的是评估学生发现潜在问题、理解和优化学习的能力，是最贴近教育需求的数据分析技术。学习分析具有以下特征：

第一，多样化的数据来源。数据来源既有学习管理系统（LMS）、课程管理系统（CMS）和学生档案系统等数据库，也有学生学习过程中的资料、作品、学习轨迹等，还有学生个人非正式知识管理系统（如博客、微博、微信等）。不同来源的海量数据为个性化的学习服务提供了支撑，数据采集自动化为智能化的学习提供了便捷条件。

第二，模块化的分析技术。学习网络的实时调整、学生关系的动态变化及学习内容的复杂多变，使得网络学习的过程研究变得十分复杂。若要开展有效分析，单一的学习分析工具已无法满足智慧学习环境中对学习分析的多样化要求。此时，便需要强调对多种工具、多重方法、多类技术的模块化聚合，以便于针对不同的数据采用不同模块进行加工、挖掘和分析，进而透过数据对网络教学给出合理的解释，并为网络学习提供支持以及保障。

第三，可视化的分析结果。学习分析的主要目的是预测学习结果和提高学习绩效，并以可视化和直观化形式显示数据，以便学生和教师对自身情况做出判断。可视化的方式使得师生更加直观地解读学习的参与程度或预测学生的努力程度。

第四，微观化的服务层次。学习分析的直接服务对象是教师和学生，其内涵是对网络学习过程中发生的各种数据进行分析和提供建议。例如，通过教学数据反馈帮助教师提高教学质量、教学水平和职业技能，通过学习情况反馈帮助学生提高课程通过率，为学生的适应性学习提供建议等。

（2）学习分析对网络教学评价的支持。基于网络教学，学习分析技术作为一种有效分析学习过程和结果的工具，以其对绩效评估、过程预测与活动干预的便捷性等特点，越来越受到教育界的追捧。也正由于学习分析技术发展带来的优势，采用其开展网络环境下的教学评价才更加便于实现过程性、动态性、多元性评价，才更有利于学生个性化学习、弥补原有能力的不足，以及教师教学效率的提高、教学质量的改善。学习分析对网络教学评价的支持作用具体如下：

第一，有利于教师对学习进行分析。利用学习分析技术，教师可获得学生学习绩效、过程及学习环境等信息，为教师优化网络教学提供方法和思路。对教师而言，改善教学质量、提高教学水平、促进教学效益最大化是主要目标。学习分析技术可帮助教师了解单一学生和全体学生的学习进展情况，也能获取学生学习风格、参与度、积极性等一系列可视化分析报告。在此基础上，教师可针对个别学生采取恰当的教学干预，也可通过改进教学方案、改变教学方式等开展教学。学习分析技术为学习和评估方式创造出更多的可能性和更大的灵活性，促进教学模式的改变和教学过程的优化。

第二，有利于学生进行自我评估。学习分析的主要目的是预测学习结果和帮助学生反思。学习分析作为一种有效的辅助学习工具，可以帮助学生开展自我评估、实施个性化学习、提升学习危机预警等。例如，学生可借助学习分析技术获取个人学习情况报告，进行自我评价，了解自身的优势和不足，进行自我认识、自我定位、自我规划等。学生也可分析自身的学习过程数据，通过回顾自己的学习时间、内容、方式等，开展个性化学习，引导学生自我管理和自我激励。学生还能借助其提升学习危机感，自我采取相应的措施赶超学习同伴。

（3）基于学习分析的网络教学评价过程。基于学习分析的网络教学评价过程可分为四个环节：准备阶段、实施阶段、调整阶段、优化阶段。学习分析过程主要集中在实施阶段、调整阶段和优化阶段，重在对数据的分析、跟踪和预测，以反复调整和优化教学方案和学习过程。

3. 基于可视化技术的网络教学评价

当前，网络技术飞速发展，计算机在信息表达和信息交互方面取得了一些成绩，也为网络教学评价提供了新的视角。可视化技术为视觉教学理论注入了新的活力，是现代教育技术发展的必然趋势，在网络教学评价中的应用潜力巨大。可视化技术体现了人们在可视化方面的不同需求，这些技术是随着科学技术的进步和人类认知的需求逐步发展而来的，它们的共同特点是利用计算机图形图像技术来分析和显示数据。基于可视化技术的网络教学评价使得网络教学过程和结果的数据都得以实时呈现，有利于学生自我反思、自我警醒能力的发展。

（1）可视化技术的特征。可视化技术不仅能够为学生的学习过程提供可视化的支架与导航，还可作为认知工具支持学生进行知识的建构和问题的解决。随着可视化技术的不断发展，可视化技术呈现出以下特征：

第一，直观化。可视化技术直观形象地呈现数据，可用图像、曲线、二维图形、三维体和动画等显示，并可呈现数据之间的相互关系。

第二，多维性。通过可视化技术，用户能清晰地看到数据的多个属性或变量，并实现数据的显示、分类、排序和组合。

第三，关联化。可视化技术帮助用户挖掘并突出呈现数据之间的关联，直接快捷地厘清各属性、事件之间的关系。

第四，交互性。可视化技术能够实现用户与数据的交互，增强用户对数据的控制、管理与开发。

第五，艺术化。可视化技术能够通过不同的表现形式，增强数据呈现的艺术效果，符合审美规则。

（2）基于可视化技术的网络教学评价特征。可视化技术的发展，加快了数据的处理速度，使得工作、学习过程中产生的海量数据得以有效利用。数据、知识、思维等的可视化处理将抽象、复杂的过程以形象化的视觉表达形式呈现出来，实现了人与人、人与计算机之间的图像通信，使人们可观察到利用传统方法难以发现的现象和规律，进而助力人们的工作和生活。可视化技术为网络教学评价提供了一种新的方法和思路，使得网络教学过程和结果的数据得以实时呈现，方便开展并优化师生的教学活动。

基于可视化技术的网络教学评价是指以图形、图像等直观形式表示学生学习过程和结果数据的一种评价方式，能使教师快速、便捷地掌握学生整体学习情况，有利于学生自我反思、自我警醒能力的发展。基于可视化技术的网络教学评价具有如下特征：

第一，提供网络教学过程立体化呈现效果。基于可视化技术的网络教学评价，一方面体现了"一图胜千言"的表达优势；另一方面通过可视化技术将网络教学过程的相关数据，以即时反馈、全局展示、动态累积、趣味显示的方式应用于网络教学各环节和活动中，并着重突出"可视化"的教学互动及教学动态，实现对网络教学过程的立体化呈现。它不仅具有显著的吸引力、沟通力，也强烈增进了学生对教学过程以及内容的理解与认知，进而促进学生学习过程中的认知建构与知识生成。

第二，实现动态评价和实时反馈的跟踪指导。传统的网络教学评价重在对学生学习内容、学习结果、教师教学过程等静态数据的评价，而忽略了评价数据本身的动态变化性，忽视了探讨评价数据和教与学改进间的相辅相成关系。基于可视化技术的网络教学评价从评价数据的教学性和动态性角度，深入挖掘其价值所在，并从可视化的实时性、全面性等着手，为突破传统网络教学评价的局限（如实时反馈、个性化指导等）提供新的路径。通过跟踪、分析、挖掘可视化数据之间的关系，可以了解每个学生的具体表现情况，分析其内在规律，进而有针对性地对学生进行指导和管理，弥补教师原有教学的不足。

二、混合教学系统中网络教学平台的技术支持

随着科技的快速发展和社会的不断进步，网络信息技术、多媒体技术逐步进入人们的

视野中，不断推动现代教育技术逐步实现向网络教学方式过渡，由此为现代教学事业注入了新的生机和活力。

网络教学主要是基于计算机网络实施的，该系统主要由学生工作站、主机、教师以及服务器这四个方面组成。借助主机，教师可以通过对网络中每个终端的控制，实现和学生实时的交互会话，使得学生可以打破时间和空间的局限，接受教师的直接指导，从而获得良好的教育效果。另外，学生还可以通过计算机网络与其他学生进行交流、沟通，并且借助互联网来获取更加丰富的资源信息。

由此看来，网络教学模式与计算机辅助教学、电化教学以及传统课堂教学都存在着很大的不同，这种不同主要体现在：①网络教学模式强调以学生为中心，颠覆了传统教学模式中教师占主体地位的情况；②网络教学模式关注学生学习的积极性、主动性，注重激发学生的学习自主性；③网络教学模式改变了媒体的定位，由教师的演示工具转变成了学生的认知工具；④网络教学模式将因人施教的教育理念落到了实处。

（一）计算机网络的相关技术

计算机网络是独立自主的计算机互联的集合体。此处的"独立自主"强调的是在计算机网络中，各计算机之间不存在主从关系。这一点很重要，如果机器中存在主从关系，如一台计算机受到另外一台计算机的控制，就不是计算机网络。"互联"的含义是计算机之间可以互相交换信息，而计算机之间的连接可以通过导线、光、微波和卫星等有线和无线的形式进行。

1. 计算机网络的连接方式

网络中计算机连接的方式，即由计算机的几何安排构成的网络拓扑结构。尽管实际上存在许多种规则或不规则的网络拓扑结构，但最基本的不外是三种：星形拓扑、环形拓扑、总线形拓扑。

在星形拓扑结构中，所有计算机（节点）都连接到中心计算机或集线器上，各个计算机除与中心计算机或集线器相连外不与其他的计算机相连。星形网络的所有数据包都先送到中心集线器，然后由中心集线器送达目的地。在星形网络中，一台计算机与集线器的通道发生故障时不会影响到其他的计算机。但是如果集线器坏了，整个网络就会崩溃。

环形拓扑结构是将所有计算机连在一起形成一个环。从网络中的任何一点都可以沿同一方向传输数据，最后返回到起点。由于是环形连接，故其中的数据只能沿一个方向传输。环形拓扑要求计算机之间的通道不能发生故障。环上的任何一点发生故障都会使网络通信无法进行。另外，由于数据必须经过网络中的每一台计算机，因此网络中的任何一台计算机都能查看环中传输的数据。

总线形拓扑结构是通过使用一条被称为总线的传输介质把网络中的所有计算机连接在一起进行通信的。一般使用同轴电缆作为总线拓扑中的传输介质。总线拓扑中的数据可以向任何一个方向传输。其缺点与环形拓扑类似，即总线故障会造成网络通信失败，而且安全性也不好。

2. 计算机网络的结构体系

现代计算机网络的设计，都必须采用高度结构化方法来进行。这种结构化思想体现为网络的体系结构。

为了降低网络设计的复杂性，设计网络通常会分层进行组织，每一层建立在它的下层之上。不同的网络所分的层数、每层的名称和功能不尽相同。但不管是什么网络，每一层的目的都是向它的上一层提供服务，同时把实现这一服务的细节对上层加以屏蔽。

一台计算机的第 n 层与另一台计算机的第 n 层进行通话，通话中所用的规则和约定称为 n 层协议。所谓的协议就是通信双方进行通信的约定。不同机器包含相应协议层的实体称作对等进程，换言之，不同机器的通话实际上是对等进程利用协议进行通信。

实际上，数据并不是从一台机器的第 n 层直接传送到另一台机器的第 n 层，而是每一层都把数据和控制信息传送给它的下一层，直至最底层，最后由物理介质进行实际的通信。相邻两层之间有一接口，它能定义下层向上层提供的服务和服务原语。考虑网络应该包括多少层、每层都有什么功能时，其中一个重要方面就是必须在相邻层之间定义一个清晰的接口，并使每一层具有含义明确的功能。

下层向上层提供的服务有两种，即面向连接的服务和无连接服务。面向连接的服务类似电话系统，下层向上层提供服务前，必须先建立连接，这一连接在本质上就像一个管道，发送者在一端放入物体，接受者在另一端取出物体。而无连接服务则可用邮政系统比拟，每一报文都有自己的目的地址，并经过系统所选择的路线传送。在无连接的服务中，报文不一定按照发送顺序收到，而在面向连接的服务中则必定是先发送的先收到。

通常用服务质量来衡量每种服务所具有的特性。服务质量可以用多种参数表达，以描述服务过程中数据的丢失、延迟等有关表征服务质量的问题。在形式上，服务用服务原语来描述。面向连接的服务有请求、指示、响应和确认四种原语，而无连接服务则只有请求、指示两种。

层和协议的集合被称作网络体系结构。网络体系结构的描述必须包含足够的信息，使实现者可以用其为每一层编写程序、进行硬件设计，并使之符合有关协议。协议实现的细节和接口的描述并不是体系结构的内容，因为它们都隐藏在机器内部，对外部而言是不可见的。只要机器能够正确使用全部协议，同一网络甚至可以连接多个不同的接口。

国际标准化组织（ISO）所制定的 OSI 参考模型（也简称为 OSI/RM）定义了连接异

种计算机的标准主体结构。"开放系统"是计算机发展的重要成果和未来发展的重要条件。OSI 模型制定以来，对计算机网络技术的发展起到了非常关键的推动作用。虽然 Internet 的普及和应用在实践上超过了 OSI，但其意义仍然是不可磨灭的。

3. 计算机网络的连接目的

就应用的角度而言，计算机进行联网的目的具体如下：

（1）共享远程资源，包括程序、设备、数据等软硬件资源。例如，中华人民共和国国家教育委员会建立的一个学生毕业证、学位证查询程序，允许用户通过网络进行远程访问。此外，在公共交通订票、银行存取款、电子图书馆等方面，通过网络共享资源已是生活中的实际。

（2）依靠可替代的资源提高可靠性。例如，有备份情况下的故障自复。在银行、航空等领域，一般会有多个处理器，其中一个出现问题时，其他处理器仍可正常工作。

（3）节约经费。因为大型计算机升级时开销巨大，而比较小型的计算机往往性能价格比更高，因此常使用客户机/服务器模型或客户端使用比较廉价的 PC，通过服务器共享数据。

（4）网络用户的通信与合作。例如，同一公司不同地点办事处的员工，可通过公司内部网络共同撰写工作报告。又如当前正在如火如荼发展的视频会议，它也是网络作为通信媒体的典型事例。

4. 计算机网络的连接优势

个人能够享受网络提供的一切优势，这些优势包括以下内容：

（1）访问远程信息。访问远程信息已经在多方面实现。此处讨论的主题网络教学就是一种向人们提供访问全世界各种信息的有效手段。通过电子方式向服务端提问取得答复和进行数据的查询已经实现。新闻媒体也正在走向在线化，并可根据个人需要进行定制。

（2）人与人之间的通信。电子邮件已被很多人作为日常通信手段来应用。视频电视、网络新闻等方式也正成为人与人之间进行通信的日常工具。

（3）交互式娱乐。基于网络的娱乐事实上已发展为一种产业，通过网络实时聊天、游戏已经变为现实。按需视频可使人们根据自身的需求定制电影、电视等娱乐节目。

5. 计算机的网络互连技术

由于各种各样的网络已经存在并且还将继续发展，各种类型的网络技术和网络协议同时并存，所以网络互连技术必定会广泛存在。网络互连的形式主要包括：LAN-LAN、LAN-WAN、WAN-WAN 和 LAN-WAN-LAN。

OSI 模型中在网络层处理网络互连问题。网络层可划分为子网访问子层、子网增强子层以及子网互连子层,并通过被称为中继(relay)的中间设备进行互连。

子网访问子层处理所有特定子网的网络层协议,它生成、接收和控制数据包,并执行通常的网络层的功能。子网增强子层则用以协调可提供不同服务的子网,对不同子网起协调平衡作用。因此当子网服务太好时,它的作用不是增强而是削弱,以便与子网互连子层相匹配。而子网互连子层的主要任务是端到端的路径选择。

通常,中继可以在任何一层实施。按网络层次可将中继设备分为:①在物理层,可使用转发器在电缆段复制二进制位;②在数据链路层,网桥可在类似的 LAN 之间存储和转发数据链路帧;③在网络层,可用多协议路由器进行网络互连;④在运输层,可使用运输网关连接字节流;⑤在运输层以上,可使用应用网关连接不同网络。

两个 WAN 之间的网关通常归不同的机构甚至不同的国家所有,二者同时共同营运一台工作站级的机器存在许多实际的困难。为解决这一问题,可将中继从中间一分为二,双方各持有一半的网关。这样,网络互连的全部问题就转化为如何商定一个在线路上使用的公共协议的问题。此协议是中立的,可适应双方的需要。只要双方在线路上使用这个公共协议,就可以设计各自的互连子层。

在实际产品中,网络互连中继设备的划分比较模糊。很多设备同时具有网桥和路由的功能。造成这种现象的原因,一是网桥和路由器虽有区别,但并非完全不同;二是一些产品出于商业考虑在名称和功能上并不是非常贴切。

互连在一起的网络存在很多不同之处。不同类型的网络,所提供的服务和采取的协议不同,寻址方式和广播与组播方式不同,数据包大小不同,服务质量不同,流控制和拥塞控制方式不同,安全机制不同,记账方法不同。因此,在进行网络互连时,必须考虑到这些不同,使之能够通过有效的方式进行转换。

网络互连有两种常用的方式,即面向连接的虚电路方式和无连接的数据包方式。前者须建立端到端的虚电路连接,后者则需要在多个可能的路径中考虑合适的包路由。

当源端机与目的机所处的网络类型相同,但传送数据时需要经过不同的网络时,可采用隧道技术将数据包进行封装,封装后穿越异质网络,到达目的网络后再卸除封装。就像乘船摆渡的汽车一样。

互联网络的路由问题与单个网络的路由问题类似,但更为复杂,因为涉及不同的网络,必须存在两级路由算法,在各网内部采用内部网关协议,而在网络之间采用外部网关协议。

网络互连存在两面性,个人用户在互联网上漫游自然其乐无穷,但公司用户则必须高度重视安全性,因为商业秘密不可外传(即便不是经营性的网站的资料),病毒等数字害虫更不允许流入。为此,诸多安全措施应运而生。这些广泛使用的各种安全措施就是防火墙技术。

防火墙有很多类型，主要可以分为两类：一类基于包过滤；另一类基于代理服务。两者的区别在于：基于包过滤的防火墙通常直接转发报文，它对用户完全透明，速度较快；而基于代理服务的防火墙则通过代理服务器来建立连接，它有更强的身份验证和日志功能。由于这两种类型的防火墙都有一定的缺点，目前正在发展其他形式的新型防火墙。例如，可以把基于包过滤方法和基于代理服务的方法结合起来，形成新的防火墙产品。这就是所谓复合型防火墙。

（二）高效网络教学的相关技术

远程教育模式的形成主要源于现代信息技术对教育领域的应用，它是一种结合网络技术与教育的模式。在目前教育部所出台的文件中，远程教育也被称为现代远程教育。这种方式的招生对象没有学历、年龄方面的要求，能几乎无门槛地为他们提供学历提升的机会。

网络教育的定义有广义和狭义之分：广义层面的网络教育指的是学习者通过网络利用各类学习资源，在没有教师有计划的连续指导的情景下的学习行为活动；狭义层面的网络教育指的是仅通过互联网这一平台进行的各种学习活动。

网络教育在中国市场可以分为广义市场和细分市场，广义市场主要包括所有借助网络等其他电子通信手段而展开的实施咨询、运营服务解决方案以及学习内容等方面的市场领域；细分市场主要包括职业与认证培训网络教育、E-learning 网络教育、高等网络教育企业、中小学网络教育以及幼儿网络教育这五个市场领域。

网络教育是以计算机、网络和多媒体技术等为基础的信息技术的最新成果，在现代教育学思想的指导下，对传统教育模式的革新。网络教育是一种全新的教育模式，并且将会带来一场教育革命。20 世纪 90 年代后，网络技术发展推动了人类社会向信息社会的迅速转变。网络媒体从一出现，就显示出其强大的生命力，它以巨大的信息优势以及快速的渗透方式，迅速进入管理、金融、商业、通信、新闻、医疗、教育技术、产业娱乐等一切与信息紧密相连的领域。网络媒体具有无法替代的实时交互功能，这让网络教育成为一种极富自身特色的崭新的教育形式。

网络教育是以学习者为主体，以计算机技术、多媒体技术、通信技术和 Internet 网络等高新技术为主要教学手段和传播媒体，综合运用图像、文字、动画、音频和视频技术的一种新型的交互式网络教育方式。网络高校通常实行弹性学制，允许学生自由选择学习期限。网络教育需要学生有很强的自制力和自主性。与传统教学方式不同的是，网络教育主要由学生通过点击网上课件（或是光盘课件）来完成课程的学习。通过电子邮件或贴帖等方式向教师提交作业或即时交流,并且教师可根据学生的具体情况安排集中面授。

1. 高效网络教学技术的相关特征

(1) 学习行为自主化。借助网络技术展开的远程教育突破了时间和空间的限制性,使任何人都可以从任何章节、地点以及时间学习任何教学课程,这种便捷灵活的教育特点体现了学习行为的自主性,符合终身教育、现代教育的社会需要。

(2) 资源利用最大化。网络教育方式颠覆了以往只局限于特定区域展开的教学模式,从而向更加广泛的地区进行辐射性、开放性教育,突破空间的阻碍,使得远程教育成为可能。另外,借助网络教育,学校可以网罗更加优秀的教师和更加突出的教学资源,充分发挥自身教育资源优势。

(3) 教学形式个性化。计算机网络具有双向交互功能和信息数据库管理技术,这体现了它的独特性。借助这些特点,网络教育实现了两方面目的:①对每位成员的阶段情况、学习进程以及个性材料进行完整、全面的系统跟踪记录;②为每位成员提供个性化的学习策略和学习建议。由此看来,网络教育是一种高效性、个性化的教学方式,为现代个性化教学了提供现实有效的实现途径。

(4) 学习形式交互化。借助网络教育,师生、学生之间可以实现全方位的交互对话,这拉近了学生与教师之间的心理距离,拓展了师生交流范围和交流机会,促进学生身心健康和全面发展。另外,教师还可以通过网络教育对学生提问的问题种类、数量进行统计分析,并依照此结果展开有针对性的教学,从而获得良好的教育效果。

(5) 不局限地区。网络教育的展开没有时间和地区的限制,使得学习成员可以节省费用和时间,以制订更加有效的学习计划。

(6) 教学管理自动化。计算机网络具有远程互动处理功能和自动管理功能。在此模式下进行的教学管理中,每位学员可以借助网络远程操作考试、作业和学籍的管理及查询、选课、缴费、报名以及咨询等各项任务,突出网络教育便捷灵活的特点。

2. 高效网络教学技术的具体功能

(1) 跨越时空教育。借助视频会议系统,学生可以突破空间的障碍去聆听各个领域优秀教师的授课,并且能够通过网络远程教育获得丰富的教育学习资源,体会到教育信息化带来的巨大改变,最终实现优秀教育资源共享。在知识经济时代,每个人都需要通过不断学习来满足社会发展的各种需要,因此,教师教育培训工作的加强就显得尤为重要。而网络教育模式的出现,使得教师可以按照自己的学习方式、速度,在自己合适的时间和地点展开学习活动,使工作学习的时间安排更加合理。

(2) 网络视频工作。教育领域的工作者经常需要开展教学观摩、远程教学、行政会议等工作，而参加会议的人往往又遍布世界各地，并且召开的日期、地点通常也都是随机的。网络视频使得那些参加会议的人员能够节省大量的费用和时间，既不用长途跋涉，又能随时参会。

（3）进行学术交流。教育行业工作者不仅需要参加行政会议，还要与世界各地的权威教授学者、研究机构学者共同参与深入的经验、学术交流活动和临时学术会议。当然，在传统集中式的学术交流活动中，通常因为参会人员、地点以及时间的限制而降低了交流活动的良好效果。因此，远程教育系统的使用不仅可以节省大量的费用、资源和时间，还可以跨越时间和空间的局限，展开深入的交流与探讨。除此之外，远程教育系统还具有强大的数据功能，从而为来自各地的学者制造一个多人共享的工作平台，突出了多人实时交流对话的特点。参会者可以利用系统中文件传送和文档共享等功能，将文字、报表、图形以及数据等信息传送给其他与会者，从而达到随时随地的交流讨论。

（4）网络教学资源共享。借助视频会议系统，学生不仅可以学习到更加优秀的教学资源，还能够参与到论文评审、校际联谊等活动中，这拓宽了学生的视野，提高了学校教学质量。

（5）促进教育信息化改革。远程教育跨越了空间和时间，弥补了传统教学方式中的一些不足，为学校的教育改革提供了良好的实施平台。

作为新型的教学形式，远程教育具有交互、跨远程的优势，不仅颠覆了以往课堂教学方式中面对面交流的地域局限性，而且还能够将大量优秀的教育资源在此汇集，充分发挥教育功效，满足现代教育和终身教育的社会需要。

一般而言，远程教学具体包含广播电视教学以及函授教学，主要有三个发展历程，即函授教学、广播电视教学以及网络教学。函授教学、广播电视教学均为单向信息传递，师生之间的信息传递、交流具有一定的局限性。而网络教学具有交互式、开放式教学特点，可以实现信息实时、多向交流，学生可以突破时间和空间的局限，与其他学生、教师进行线上交谈，不仅能够高效完成教学计划，而且还为未来教育手段的实施提供了实践基础。

三、混合教学系统中网络教学平台的课程资源建设

（一）网络课程资源建设的主要原则

在建设网络课程的时候，除了要遵循教学设计的原则外，还应遵循以下原则：

第一，个性化原则。网络课程要强调以学生为中心，体现学生学习的个性化。学生是学习的认知主体，学习的过程是学生通过主动探索、发现问题、意义建构的过程。所以要

重视学生作为认知主体的作用，为学生提供个性化的学习服务，体现学生个性化学习的特点。

第二，交互性原则。网络课程中的交互主要包括：学生与教师之间的交互、学生与学生之间的交互、学生与学习材料的交互。在网络课程中，应该包含在线讨论、论坛等师生互动模块，应该设计灵活多样的学生学习内容，提高网络课程的交互性。

第三，开放性原则。网络课程要对学习者开放，让学习者按需参与。同时课程资源要开放，课程内容应该提供相关的参考资料和相应的网址，对于同一知识点，应提供多角度的解释和描述，让学生对多种观点进行辨析与思考。

第四，动态性原则。随着技术的迅速发展，知识爆炸和知识老化的周期日益缩短，网络课程的内容需要不断更新，不断吸收本学科领域最新的科技成果和前沿信息，保持鲜活的学习内容。网络课程的设计要方便更新、扩充新的内容。

第五，共享性原则。网络的特点之一就是资源共享，在设计网络课程时要体现共享性原则。对于重要知识点，应该通过链接、提供网址等多种方式引入丰富的学习资源供学习者使用。

第六，可评价性原则。要重视评价的设计，及时了解学生的学习情况，对学习者的学习情况和学习效果提供客观、有效的评价和反馈。在设计网络课程时，应该提供考试的得分、试题答案的解析以及教师对习题作业的批阅结果等。

（二）网络课程资源建设的结构模型

根据网络课程资源建设原则，结合 Blackboard 平台的功能可知，网络课程的结构模型由学习资源层、学习支持层、课程用户层和教学管理层构成。

学习资源层是课程内容的展示层，主要是向学习者展示网络课程的内容和相关资源，可以说它是学习资源的大集合，只要是与课程内容相关，并且学生有必要了解的资源全部可以放在 Blackboard 平台上。

学习支持层主要是利用 Blackboard 平台提供的教学工具来支持教和学，如可以利用讨论板工具搭建学习论坛，供学习者、教师和其他人员交流；可以利用调查工具来发布调查问卷，便于教师及时了解学生的学习需求和学习进展情况；可以通过在线考试来检验学生的学习效果等。

课程用户层主要包含两类用户：一类是教师用户；另一类是学生用户。教师用户可以建设课程、管理课程、注册学生用户等；学生用户则可以浏览课程内容、参与讨论和调查、在线考试等。

教学管理层主要是教师来对课程进行管理，包括上传课程内容、组织教学活动、管理学生用户等。另外，管理员也可以参与进来，对整个系统进行管理，如修改教师用户权限等。

四、混合教学系统中网络教学平台的教学互动技巧

（一）利用网络教学平台进行实时交流

基于网络教学平台的网络课程允许学生自定时间、自定步调地进行学习，但有时，一些在线的实时网上交流和同步互动往往能起到意想不到的效果，越来越多的老师已经认识到在线实时交流的重要作用。组织一次成功的在线实时交流，需要完成以下工作：

第一，确定交流活动的主要参与者是某一个小组还是整个班级，主讲人是教师还是某位学生。

第二，确定交流的内容。内容最好是学生所感兴趣的，有必要提前跟学生协商确定讨论的主题和角度，防止话题过"散"。

第三，确定交流使用的平台。Blackboard 平台提供了在线实时交流的工具——"聊天"以及"虚拟课堂"。"聊天"工具和普通的网络文字聊天室类似，主要是基于文字的集体讨论，和论坛相比，其汇集文字对话的形式更加适合于实时的文字交流讨论。"虚拟课堂"工具相比"聊天"工具功能更加强大，除了支持文字聊天之外，还可以进行分组文字聊天，使用白板进行资源的共享和协作互动。此外，还可以选择别的平台，老师们可以根据自身需要和网络情况自行选择。

第四，熟悉平台工具的使用流程。

第五，提前发布实时交流公告，以便于学生做好准备。

在实时交流活动中，避免过多地讲原理、概念，重在交流和分享，而不是教学和讲授。在实时交流结束后的 1~2 天将交流的文字记录或者录像和其他资料及时发布在课程中或通过其他方式共享给学生。

（二）维护网络教学平台的讨论秩序

在课堂教学之后开展相应的网上讨论，有助于学生深入地理解课程内容。讨论板其实是在模仿传统教室环境中师生、学生之间面对面的交流，是可以让学生产生求知欲的有效方式，但是网上讨论也常会遇到很多困难，如不参与讨论、跑题、不当言论等，因此如何保证论坛的秩序，并进一步促进交流是教师应当具备的技能。

第一，设置论坛规则。在网络课程一开始就要说明本课程论坛的规则，说明论坛中鼓励的行为和不鼓励的行为，如不要在讨论区讨论与课程无关的话题等。可以和学生约定好

发帖的要求，如可以要求学生每周发三个帖子：第一个是原创帖；第二个帖子是对别人帖子的回应，必须要谈自己的看法和观点；第三个帖子是对自己原创帖子所有回应帖的总结和评价。总而言之，论坛规则最好简洁明了。

第二，营造安全的学习环境。网上讨论最大的难度在于要保证让学生在感觉安全的环境下分享他们的个人经验、观点和思想，探索新概念，加深他们对材料的理解。鼓励学生积极、大胆发言，不要因为害怕错误而不敢发言，允许学生有批判性的思考。

第三，让学生成为讨论的主角，不要干扰讨论方向。网上讨论的主角必然是学生，学生们在论坛中一起讨论、贡献知识。如果教师过多地介入，会打断学生的原有思路，学生会把教师当作"权威"，可能会由于畏惧"权威"而不再发表不同观点，或者刻意等待教师的发言。

第四，精心设置论坛分区，防止学生"跑题"。课程中会有一些较为活跃的学生，他们积极发言，但其帖子有可能"跑题"，对此，需要及时将学生带回主题。如每周话题区可以安排与本周所学内容相关的话题进行讨论；作业讨论区讨论作业，包括对作业要求的理解，可以展示一些优秀作业，或者针对作业中出现的共性问题进行解答；平台使用技术问题讨论区讨论解答在平台学习过程中所遇到的技术问题；教学建议区讨论学习体会，收集教学建议；休闲咖啡区供学生讨论一些与课程无关的话题，允许他们在那里抒发感情，畅所欲言。精心设置的分区有助于帮助学生养成好习惯，以清晰的结构配合有效组织的话题，方便学生快速找到感兴趣的话题，促进学生的积极参与。

第五，设置论坛的专项管理人员。如果论坛版块较多、发帖量较大，教师自己管理论坛可能难以兼顾，则可以在每个讨论区设立专门的管理人员来直接管理讨论板中的帖子，以促进有效的对话和讨论。可以为论坛中用户指定具有管理功能的论坛角色，如管理者、主持人和评分者。

首先，管理者可完全控制论坛。管理者可更改论坛设置、仲裁帖子和指定成绩。管理者角色只能指定给课程教师或其他具有类似责任的人员。在默认的情况下，具有教师或助教的课程角色的用户将被授予此论坛角色。

其次，主持人在设置帖子对于课程中的所有用户可用之前需要复查帖子。主持人也可删除或修改任何论坛中的所有帖子，即使该论坛不使用"待审核队列"。请确保主持人富有责任心并且了解相应帖子的标准。默认情况下，会将这一论坛角色授予具有课程制作者课程角色的用户。

再次，评分者将复查讨论区帖子并在成绩中心输入成绩。评分者拥有某些访问成绩中心的权限，并分配给负责指导和评估学习的用户，如教师或助教。评分者的论坛权限中不包括访问控制面板的权限。默认情况下，具有评分者课程角色的用户将被授予此论坛角色。

第六，通过举办活动推动讨论。在论坛不太活跃的时候，教师可以抛出一些问题，引发学习者的讨论，营造讨论氛围；在学习者积极参与论坛的时候，也可以提出一些更有深度的问题促进学习者进一步思考和反思，引导学习者提出更多问题。这些问题应该具有开放性，以促进答案的多元化。这里要注意只是抛出问题，不要对问题进行作答，让学习者自由发挥，起到让学生自己探索、在协商中建构知识的目的。还可以设计一些观点投票活动，然后根据投票结果，组织一些辩论活动，或者要求学生收集某些话题资料在论坛中共享。

第七，提供小组合作的机会。人数很多的时候，可以把学生分成若干小组。系统自动分组、教师分组、自己组队这些方法都可以使用。小组可以是长期的，也可以是临时的。建议采用"组内异质，组间同质"的原则进行分组。

（三）网络教学平台讨论的监控与反馈

在开展网上讨论活动时，教师需要及时关注讨论区反映出来的学生参与情况和学习成效。教师需要利用网络教学平台的工具监督和评价学生的讨论情况，了解课程的运行反馈情况，以便及时修改教学策略。

1. 利用成绩指示板观察学生讨论情况

在 Blackboard 平台的网络课程中，可以通过"评估"中的"成绩指示板"来观察学生的讨论情况，在通过成绩指示板查看学生讨论情况时，还可以直接在这里向学生发送邮件，用于提醒那些没有按时参加讨论活动的学生。一般可通过成绩指示板获得下列数据，单击论坛名进入后可以看到学生在该论坛中发布或回复的所有帖子。

（1）帖子总数：在指定论坛中发布的帖子数量。

（2）上次发帖日期：最新一次的发帖时间。

（3）帖子长度（字符数）：帖子平均长度/帖子最小长度/帖子最大长度。

2. 对学生的讨论情况进行评价

在 Blackboard 平台的网络课程中，对学生论坛评分有两种形式：为论坛评分和为话题评分。当需要评估整个论坛中学生的表现时，建议使用为论坛评分，当需要评价某一个话题中学生的表现时，可以使用为话题评分。在使用为话题评分时，学生无法创建新帖子，只能回复帖子。因此，教师需要事先在论坛中添加好话题帖。

如果事先设定了对论坛评分或对话题评分，那么也可以在为论坛和话题评分时看到学生的讨论情况。同时，设置良好的评价制度，对于论坛的顺利运行有很大的好处。要评价一个学生在论坛中的行为，可以从主动性、发帖质量、参与度和贡献度四方面进行。主动性，指学生在论坛中分享自己在活动、作业等各个方面的进展，并积极参与讨论的主动性。发帖质量，指学生所发帖子与主题相关情况。参与度，是指学习者发帖的数量情况，以及回复其他人的信息、提出建设性的意见、鼓励他人的情况。贡献度，是指学生为问题的解决贡献自己力量的程度。

五、基于网络教学平台的混合式教学模式策略

"随着教育发展进程的加快，新教育技术、教育模式等，逐渐在教育体系中有广泛应用，有力地推动着教育发展"[1]。在多媒体时代下，混合学习模式得到了广泛的应用，混合学习模式应用优点比较突出，但受到不确定外界因素的影响，也在一定程度上影响了其实际应用效果。基于网络教学平台的混合学习模式改进策略具体如下：

第一，加强网络教师培训。目前高校有部分教师对于现代化事物接受程度不高。这就要求当地政府或者高校积极开展相关方面的培训，让更多的教师对现代化教学模式有所掌握，如此才能够有效提升教师的教学水平。有条件的学校还可以开展专家座谈会或者组织教师对外交流学习来加强现代化的教师队伍建设。

第二，提供在线学习辅导与支持。虽然混合学习模式在高校教育中得到了普遍的应用，但是由于平台不够完善，在实际应用中也存在一些问题。例如，学生对学习重难点内容掌握不够全面。所以，针对平台存在的一些漏洞，需要在平台设置一个专栏，为学生提供在线学习辅导与支持。针对课程中的一些重点内容进行一个全面的概括，在此基础上再对学生的一些疑难问题进行回答与帮助，并且还要进行相关的练习题安排，让学生进行深化学习等。

第三，明确学校激励措施与网络教学发展政策。学生在学习的过程中起着主要作用，同时也是整个过程的核心，影响力巨大。所以，为了提升学生的参与度，应该进一步完善相应的激励措施，提升学生学习的兴趣。同时，对学生信息素养的培养也应该逐步开展，通过完善网络教学发展政策，让学生对自己有一个清楚的定位。

综上所述，为了进一步提升网络教学平台的混合学习模式的应用水平，需要针对实际应用中存在的问题做出积极的改进。未来社会发展中信息化技术发展速度会不断加快，所以需要对网络教学平台的混合学习模式进行创新改进，使之更加适合学生的实际需求。只有让学生在轻松的氛围中学习，高校才能够进一步提升教育教学水平。

---

① 吴妮真. 基于网络教学平台的混合教学模式设计与实践探索 [J]. 科技视界，2021 (11)：123.

第四章 高校混合式教学在不同学科中的改革

第一节 高校语文学科的混合式教学改革

高等学校开设的以文学经典篇目鉴赏为主的公共课，意旨在向高校非中文专业的学生介绍中国古代、现当代文学的经典文学作品，并在赏析经典作品的基础上进行写作训练，提升学生审美鉴赏、写作和表达能力。经典文学作品赏析类课程能弘扬中华优秀传统文化，凸显最深厚的文化软实力，语文学科具有精神引领的特性，利用语言文字对学生的思想进行正确的引导，可以使学生在耳濡目染中形成良好的思想政治素养。高校语文学科是中国高等教育学科专业中较为特殊的领域，承担着极为重要的教育功能。因此，进行高校语文学科的混合式教学改革，有重要的现实意义。

高校语文课程教学内容可以仍以经典篇目鉴赏为主，可以通过网络、慕课提供更多可供选择的教学内容，让学生根据自己的兴趣爱好选择。教学形式上可以采用线上线下混合教学模式，通过自主学习、探究式教学提高课堂教学效果，提高学生学习主动性，培养综合型人才。课程采取以"学生为中心，知识为中心"的教学方式，借助当前信息时代网络技术的发展，从内容上吸引学生兴趣，教学方式上综合采取线上线下模式提高课堂教学效率，改善课堂教学效果。

一、采取线上线下混合式学习的方式方法

线上线下混合教学模式是随着网络科技的发展应运而生的教学模式，是指将网络学习与传统学习结合起来，采取互联网远程在线教学与传统线下课堂教学相结合的方式进行学习，实现"教"与"学"的角色融合，实现教学的开放性和便捷性，丰富线上教学资源和线下课堂互动的教学优势。

课前学习，教师可根据学校课程要求和教学安排，制订教学篇目计划，划出大致的选择范围。另外，教师可以按照自己的教学安排，布置任务单和思考题，让学生自己选择线上内容进行课前学习，这种线上学习不仅仅是预习，也是学生自主学习的过程，让学生在

任课老师教学计划的引导下，理解学习要点、撰写学习感受，可以激发学生的学习自主性。学生在课前学习的过程中产生的问题，可以在线下课堂进一步与老师、同学交流探讨。这种线上预先学习的方式使学习内容和学习地点更具灵活性，学生可以选择自己感兴趣的名师名家名篇进行多角度的学习。通过初步的线上学习之后，每个学生带着较好的知识基础走进线下教学课堂，师生在面对面的线下教学活动中可以实现更加有深度的教学目标，从而促使绝大部分学生深入学习。

二、线下教学以答疑与探究式的学习为主

经过线上的初步学习，线下面对面课堂的授课内容和授课方式都会产生一定的变化，这是新形势下教师面临的新挑战。

第一，学生可以进行学习汇报，对已通过网络课程自学过的内容进行要点概括、主题总结，教师采用提问的方式进行知识点检测。

第二，学生将网络学习过程中遇到的问题和疑点逐一提出来，结合课前布置的学习任务，学生之间一起研讨，教师参与指导，引导学生讨论交流、思考总结。同时，教师对学生提出的疑问进行疏解，并对重难点进行解析，进一步增强学生对教学内容的理解。

第三，针对学习内容，引导拓展阅读。文学作品往往具有时代性，通过对一篇作品的解读可以引起同学们的兴趣，或进行对比阅读，或进行深入拓展阅读。文学的拓展阅读有利于引起同学们深入学习的兴趣，促使学生更好地理解作品，加深对所学知识的理解，进而发掘自己感兴趣的知识，进一步自主学习。

三、对高校语文学科的教学内容进行创新

语文学科课程以提高学生文学素养为宗旨，具有精神引领的特性，是中华优秀传统文化的最佳承载体，通过课程学习让学生在耳濡目染中形成良好的思想政治素养。

通过文学经典的学习，理解诚信与道德的重要性。"立德树人"在经典文学作品中时有体现，它也是课程思政的本质，引领学生从作品中领略传统文化，感受经典文学的风采。例如，语文课程学习可以在对经典作品的赏析中融入诚信与道德教育，引导学生认识诚信的重要性。

总而言之，语文学科的课程改革还需要构建成熟完善的师资队伍建设机制、教学激励机制、学生考核评价机制等，以推动课程线上线下混合教学向更广阔的范围、更深入的程度发展。教师在教学过程中需要关注学生的个性发展，处理好线上教学内容体系与线下教学内容体系的有机衔接，避免线下实体课堂与线上课程教学内容的简单重复，强调学生综

合素质和能力的课程考核方式，从而使混合教学能够适应应用型人才的培养，并将受到学生的欢迎。

第二节　高校英语学科的混合式教学改革

一、高校英语混合式教学的重新定位

目前，基于网络技术环境的学习空间拓展研究越来越受到关注。尤其是结合新信息技术环境，研究者从不同领域、不同学科门类、不同视角对学习空间的拓展、建构、应用做了相关探索。在技术支持的环境下，学生学习方式变得更为自由与灵活。个性化学习方式、个人学习空间构建、基于技术的协作式学习体系都将成为现实的考量。由此可见，学习空间已由静态转变为动态，由物性转变为人性，由孤立转变为高互动的形态。同时，随着慕课、微课、微信等教学平台的出现，将空间研究与高校英语教与学整合起来，探索如何构建高校英语有效学习空间，更具有明显的现实意义。"在教育信息化背景之下，高校英语教学也应利用信息技术的优势实现线上线下混合式的教学模式，使教学质量得到进一步提高"[1]。

（一）教师角色的重新定位

混合学习空间研究需要考虑的不是技术和网络资源使用的数量，而应该是如何有效地使用。例如，如何变革教学和学习过程以适应交流方式的变化和知识获取的新途径。我们不能对新媒体带来的交流方式的典型性特征视而不见；教育技术的发展需要教学法与之相配套。实际上，教育技术的发展为我们开展参与性、个性化、产出性的教学提供了可能。但是，教师角色的定位依然是一个需要思考的问题。混合学习空间视域下，教学不再局限于传统的课堂教学，学生有更多的时间可以在课外开展自主学习。但这并不意味着教师角色地位的削弱，相反，教师需要进一步承担起新技术背景下指导者的作用。我们必须深刻认识到，将教育技术有效融合到高校英语教学的关键在于教育目标的清晰界定以及实现教育目标所应拟就的教学活动计划。而这些都要求发挥教师的主导作用，采用具体的教学方法以便更有效地强化新技术的应用。混合学习空间视域下，学生面对丰富的学习资源，需要对学习过程进行自我掌控和自我负责。而教师作为指导者，帮助学生指明学习路径，激励和促进学生学习。总体而言，教师角色的定位更加突出三个维度：教学法维度、教学组

---

[1] 郑如薇. 基于教育信息化背景下高校英语混合式教学模式研究 [J]. 科学咨询, 2021 (49): 138.

织维度和教师专业发展维度。其中，教师专业发展维度意味着教师从传统角色向混合学习空间导向的教师角色重新定位。

混合学习空间视域下，与传统面对面教学相比，虽然教师的角色发生了变化，但是教师的主导者角色并未改变。从知识的传授者转变为学生学习的促进者，集中体现在面对面教学时或在线指导时，教师对教学目标的设定、教学资源的准备以及对学生互动的指导等。传统教学关注教师对知识的传递，而混合学习空间视域下的教学则更专注于师生、学生互动关系以及学生知识的内化；在教师的指导下，学生在学习上变得更加自主、积极、自觉。

（二）学生角色的重新定位

目前对于高校英语教学的研究，较少从学生的话语权角度考虑学生的学习需求。"课堂作为学生学习共同体""技术环境下的高校英语多元互动新型教学""基于网络技术平台的高校英语第二课堂活动"以及"电子学档"的开发与应用，都可以真正从学生发展角度来看待教育过程，这应该是拓展和构建学习空间比较独特的实践视角。同时，将学生的话语权拓展与自主学习型思维、批判性思维、深层次学习等相整合，致力于引导学生获得发展主动权，从而使学生主动地构建自我体验的行为方式。

混合学习空间意味着学生的学习场所得以拓展，不仅包括传统的课堂，还涉及网络空间、在线互动平台等。学生角色可以大致分为四个维度：①"线下"个体学习。这种角色与传统范式一样，指的是在真实空间里的个体层面的学习，但是与过去相比，学生获取的学习资源更丰富。②"线上"个体学习。这种角色指的是虚拟空间中的个体层面的学习，个体通过网络"在线"的形式开展自主学习。③"线下"小组协作学习。这种学习方式能够培养学生的合作精神，促进协作探究。④"线上"小组协作学习。通过这种学习方式，学生可以利用网络开展合作学习，查找资料，使讨论的问题具有深度和广度，之后在课堂环境下根据所准备的内容展开合作学习，进行面对面的交流。

二、高校英语混合式教学模式的类型

目前，教育学者对网络教学的含义与使用方式还有许多不同看法，但对大部分高校而言，去掉网络教学中与实体教学混成的教师面授部分，利用网络来进行高校课程教学的形式，主要包括了线上教材与线上教学两个部分。线上教材是将课程学习所需的教材内容放在网络上，供学生自行上网阅读，它的设计重点不只是将教科书的文字内容逐一放入网页中，而且是要能利用多媒体的特点，连接广大外界资源，提供学生个别化的自学途径。广义的线上教学则包括同步与异步进行的师生互动，其中异步的教学沟通则包括了教师在网络上进行线上辅导，如课业解疑信箱、师生讨论园地等；狭义的线上教学指师生同步在网络上进行教学沟通。不管是广义还是狭义，线上教学强调师生的互动沟通、主动参与及合作学习，它提供了网络教学中的"人性"因素，让学生可以与教师及同学在一起接触、对话、交流与关怀，从而减少学生独学无友的孤独感及疏离感。

（一）线上与线下的混合模式

"线上线下混合式教学是后疫情时期教学改革的新常态和必然发展趋势"[1]，运用线上教学可能带来很高的教学效益，但大部分高校教师都是凭直觉以传统讲述方式在网络上进行教学，教师并没有特殊的教学策略，甚至以为网络环境如同教室环境，师生的角色与职责没有需要改变的；这种想法就如同过去录制电视教学节目时，有的教师仍然坚持采用黑板板书、在摄影机前照本宣科一样，造成许多学生对媒体教学的失望，而教育学者也对网络教学的成效持有怀疑、保留态度。

即使是远程教学下进行的面授教学，也经常变成教师对学生的单向讲解，但透过计算机中介沟通则要强调其信息交流与人际互动的特色。线上教学既是在一个不同于传统教室的网络环境上进行，其运用的方式当然迥异于教室，教师需要熟知网络环境的资源条件，依据课程内容性质、学生的特质，及教师教学的策略，来设计各种不同的教学类型。混合式教学包含两个教学环节，即线上教学环节和线下教学环节。线上教学是指借助于现代信息技术和网络技术，教师通过网络平台，为学生提供线上教学资源，供学生在课外进行自主学习。线下教学即面对面课堂教学，是指教师针对教学的重点和难点，以及学生在线上学习过程中产生的疑问进行面对面辅导及深入讲解，以促进学生更好地掌握知识、理解知识和应用知识。然而，混合式教学并不是线上教学和线下教学两种教学形式的简单组合，而需要运用新型教学方式，使两者进行有机地结合并产生优势互补效应。

近些年，借助于现代化网络技术条件，以微课、翻转课堂为主的新型教学方式被广泛接受和运用。微课和翻转课堂的使用打破了单一课堂教学格局，让学生通过微课学习新知识后，再返回课堂进行知识的应用。微课以视频教学为主要载体，针对某个知识点或教学环节而开展线上的教与学活动，能满足学生个性化学习和多样化的发展需要，也能达到推动学生开展探究性学习的教学目标。学生先在课外看教学视频，再到课堂上来与老师进行交流，这种先进行线上课程再进行线下课程的翻转课堂教学模式能达到比传统教学模式更好的教学效果。先进行线上课程教学再进行线下课程教学的混合教学模式，并不是说双线平行实施、不需要交集。但目前大多数国内高校所运用的线上教学平台无法让学生切实感

---

[1] 程蹊. "一个模式、四大融合"混合式教学的理论与实践 [J]. 武汉冶金管理干部学院学报，2021，31（4）：29.

受面对面交流的课堂氛围,大多数学生仅停留在"观看"教学视频的层面,当返回线下课堂开展应用讨论时,经常出现无法进行知识点的探究及应用实践等问题。另外,线下教学所主要借助的腾讯QQ群、微信群等网络交互平台虽有信息发布和交流功能,却无法实现微课知识的应用和实践功能。要真正发挥混合式教学模式的作用,必须将线下教学与线上教学这两个环节进行深度融合。

在线上教学基础上逐步展开由上返下、由下及上的双线交替式教学,真正突破传统课堂教学模式,从本质上实现混合。本书所指的线上线下交互式教学,是指借助于双线交互载体,能实现线上交互与线下交互为一体的新型混合式教学模式。这种教学模式的实施,一方面能提高学生通过微课等线上教学资源实现自助式学习的有效性;另一方面通过现代信息技术和教师教学技能的有效整合,能点燃学生主动参与讨论、深入探究问题的激情,实现线下教学的多向互动和多元互动。将线上线下两个教学环节融合并贯穿于整个教学的全过程,需要结合混合学习特点,通过构建线上线下交互教学系统,创新混合式教学模式,才能达到培养具有实践能力和创新能力的人才的目标。

第一,整合线上教学的知识点。通过线上线下交互系统,将线上教学和线下教学进行有效结合,能使微课中已经碎片化的知识点得到系统整合和融会贯通,并经过师生之间、学生之间面对面交流互动,克服微课教学单向传播的局限性,实现在交互式教学中达到知识内化的目的。

第二,推进线上线下深度融合。依托线上线下交互系统,将线上与线下两个教学渠道打通,使教学活动在线上线下的深度融合中交替展开,能克服线下教学难以有效互动的困难,实现在微课知识的应用和实践中增强对知识的理解和掌握。

第三,提升混合式教学的实效性。通过线上线下交互系统中各功能模块的设置及应用流程的设计,促使学生积极主动地开展各种形式的交互探究活动,能培养学生发现问题、分析问题和解决实际问题的能力,提升混合式教学的实效性,实现在问题探究中达到应用型人才的培养目标。

(二)"学"与"习"的混合模式

最常见的"学"与"习"混合模式类型的课堂,以当下流行的翻转课堂为代表,它实现的是两种教学方式的有机结合,即线上教学以及面对面教学。线上教学侧重于学生的自学,利用学生的自学时间,教师可以提供微视频、课件及相关电子书等教学资源。由于这些资源可以重复使用,学生不明白的时候可以反复阅读,直到理解为止。相对宽松的学习氛围,让学生学习主动性更强,遇到不懂的问题主动学习,学不会的内容便记录下来,有的放矢,没有压力地接受新知识,让学生感觉非常轻松,也有足够的时间独立思考问题，分析并解决问题，为课堂教学做好充足的准备。

有了一定知识储备的学生在课堂上才愿意和教师交流，课堂上教师主要解答学生在自学期间遇到的难题，留足时间让学生各抒己见，谈谈知识点的运用。这种新型的翻转教学模式不仅改变了传统意义上的教学方式，还缓解了课时少内容多的难题，理论上的创新有巨大的意义，但是它对教学对象的选择非常苛刻，即学生性格活泼开朗，自觉性强，自我要求严格，积极主动，学习基础良好，有自己的想法，有一定的创造力。

从学生的特点出发，将课前自学过程与改良的传统课堂互动教学结合，须做到以下步骤：

第一步：预习，这种不同以往的预习，是借助教师提供的有效资源进行的，除了微视频、课件、电子书以外，还应考虑到学生自觉性不够的现实问题，所以需要教师给予一定的辅助。首先是任务单，目的是让学生在教师的指导下，明确未来两周的课程内容、重点与难点，学习这些知识点的目的性何在；其次是检验预习结果的小测试题，这是教师了解学生线上学习结果的窗口，同时也能督促学生认真完成线上学习的内容。

第二步：改良的传统课堂互动教学，翻转课堂里的课堂互动教学环境自由度高，但学生性格开朗，同时自觉性差，英语基础参差不齐的学生不适合这种课堂氛围。为了汲取传统课堂的优点，帮助学生理顺概念知识，明确知识点间的联系，教师在面对面教与学的环节中，必须提纲挈领地将学生不清楚的英语内容介绍给大家，然后依据任务单的顺序，仿照其例题，提供生活实例供学生之间讨论，因为贴近生活的案例可以激发学习兴趣，学生交流答疑就可以有序进行。在混合式教学两步过程中，任务单是不可或缺的，在自学环节中充当导读辅助学习的作用，在课堂互动教学环节中体现指导解惑的作用。

概念课与复习课，这两种不同类型的课堂，需要的混合式教学模式有所区别，概念性的课堂是让学生对学习内容有正确的理解，基础扎实才可以运用知识。成功完成学习过程，离不开教师正确的引导，开放题就是不错的形式。选择开放题的背景源于学生自信心不足，最怕回答逻辑性强的问题，甚至会因为唯一的答案推算不出来而放弃思考，开放题的条件、问题的开放，形成的结果也不唯一。此外，为了帮助学生对知识点的理解与运用，开放题的设计应围绕知识点提出，以此激发学生对问题的探索热情，提高学习效果。复习课是让学生对知识进行自我总结，在此过程中，肯定会对学习内容有所质疑，并且由于在课堂上反馈教学的时间有限，问题质量难以保证。因此，教师可以提供一个平台——创建答疑讨论板，学生通过信息技术手段，把学习中产生问题提出来，教师将问题集中研究，共性问题复习课堂上逐一解答，个别问题及时通过答疑讨论板和同学们一起交流。学生通过教师对思路的引导，问题的解释，既能掌握知识要点，也能感受到教师对其重视与关心，从而提高自信，使整个教学的气氛融洽，让学生在学习道路上不断重拾自信，提高成绩。

三、高校英语混合式教学模式的环节

（一）教学的具体过程

1. 教学前的准备

（1）安排线上线下教学活动。无论是线下教学还是线上教学，都不再是单纯的传授知识、技能，而是要以学生为主体，培养学生，如信息处理技能、解决问题的能力与创造能力、学习能力、批判性思维能力、社会交流与协作能力等多方面的能力。在此目标指导下，对知识进行划分，不同的知识与信息技术有不同的整合方法。系统的基础知识以面授为主，也要大量借用网络教学平台的优质资源，深化学生的理解和掌握；应用知识以网络教学为主，以 BBS 或小组讨论的形式应用所学知识，通过师生或学生之间的教学交互，及时检测学生运用知识的效果。

（2）建设线上平台学习资源。教学资源的受欢迎程度依次为：导学、案例故事视频、在线自测、辅导课内容 PPT。教师应从这些方面建立相对应的教学资源。导学主要介绍该课程的主要内容、教学方法、学习方法、考试形式等；案例故事视频是利用信息技术，利用网络教学平台的优质资源，挑选其中与考试相关，重要的、新颖的案例，通过录屏、录播等编辑方式将其转化成可供灵活下载的视频；在线测试则是将重点、难点、考点转换成问题加以强调；辅导课内容主要是上课的课件，其为没有上课的同学或是没有听懂的同学提供了可以反复观看的资源。

2. 教学中的组织

（1）指导使用学习资源。基于信息技术的教学，改变了学生的学习方式，还要把对信息技术及资源的学习和应用考虑其中。对于开放高校生而言，学习资源包括教科书和网上资源。对各类学习资源的使用，仍应充分发挥线下教学与线上教学的作用。教科书的指导和使用一般主要通过面授课完成，班级自建资源中的导学资源给予辅助。网上资源的使用虽以网上学习为主，但仍离不开面授课的指导，告知学生各类资源的分布设计，梳理出相关的重点资源。如讲解一个知识点，可以借助网上资源，在指导学生使用资源的同时，帮助学生加深对知识点的理解。

（2）恰当选择教学策略。教学策略是为了达成教学目的，完成教学任务，在对教学活动清晰认识的基础上对教学活动进行调节和控制的一系列执行过程。恰当选择教学策略对教师有挑战性，但是在教学过程中会有突发情况的发生，教师要想恰当选择教学策略，就必须及时把握教学过程中的各种信息，及时反馈和调整教学的进程及师生互动的方式。教学策略有多种，没有一种适应任何情况的教学策略，要根据实际情况灵活应用。如在本课程的教学策略选择上，一是采用了导入策略，在每一章都通过创设情境，提出问题，激发学生的参与；二是采用组织策略，因为仅仅呈现情境很难达到让学员互动的目的，要采用随机点名、分组的方式鼓励学生积极发言；三是强调策略，尤其对比较枯燥的基础知识、基本原理的讲解，要多次强调在考试过程中可能会出现的考法，通过现场出题，让学生回答；四是提问策略，尤其是在案例呈现过程中，每到一个故事发展的重要转折点，就鼓励学生设想故事的发展，设想自己如果是主人公将如何处理案例中碰到的问题，通过步步提问，由易到难，逐步吸引学生的参与；五是及时反馈的策略，每次学生回答完问题，都要给予及时的肯定。

（3）组织开展小组讨论。建构主义强调有组织的协作会话，对于线上教学，组织性尤为重要，是信息技术与课程教学互动性双向整合向更高层面发展的关键。首先，小组分组有讲究。要事先与班主任和班长沟通，对学生已有的知识、经验和能力有所了解，然后强弱搭配，挑选组织能力强的学生作为组长。其次，小组讨论要有组织性。该课程的学生是新生，彼此之间不太熟悉，对开大网上平台系统也不熟悉，不容易产生互动交流，因此可在机房组织一次小组讨论，让学生之间彼此熟悉，方便教师的统一指导。再次，小组讨论主题要有独创性。小组讨论在机房进行，以往很多学生会将讨论的主题直接通过百度等搜索引擎寻找答案，进行复制、粘贴。为避免这一情况再度发生，在确定讨论主题之前要查看网上关于这一主题的资料，确保该问题还没有"标准"答案。最后，小组讨论形式有待改进，随着信息技术的发展，可以通过微信、直播课堂等多种形式开展小组讨论，既紧跟信息技术发展步伐，又能方便学生的学习。

3. 教学后的评价

（1）巧妙设计在线测试。在线测试是非常重要的一种学习资源。随着信息技术的发展，在线测试已成为教学过程中实施形成性评价的有力工具，是信息技术与教学深度融合的又一举措。它可以让师生得到及时反馈，让学生了解自己对知识的掌握程度，让教师看到学生的学习情况，以及时调整教学。

（2）注意收集评价数据。教学活动要尽量做到形成性评价与终结性评价相结合。形成性评价主要通过统计出勤率、访谈、座谈、活动小结等方式进行；终结性评价主要通过统计结果、出勤率趋势、学习心得、满意度测评、考试合格率等数据来反映。评价数据的收集和分析，一方面离不开学校的学习支持服务；另一方面，学生常用腾讯QQ和微信交流，这些网聊工具已成为收集相关评价数据的重要渠道，而且更能真实地反映学生的情况，是教学交互和教学评价的有效补充。

（二）课时的合理分配

采用三段式的翻转课堂教学模式，将课堂教学主要分成课前、课堂上、课后三个阶段，在教学设计中将教师活动和学生活动两部分有机结合起来。关于课前课后学习时间，对于学生而言由于混合式教学中的课前在线学习及课后任务时间相对传统教学占用了其更多的课外时间。

对于教师而言，由于线下学习时间的碎片化以及学生学习互动及反馈的随机性，他们需要利用课余时间来引导和参与互动及反馈。因此，不管是对学生还是教师都意味着在课外环节需要更多的时间和精力。课前及课后时间要不要纳入标准学时内，如何计算标准学时这也是混合式教学中需要进一步研究的问题。

1. 线上课程的时间安排

教师的课前主要任务，是选取教学视频。教师可以选取需要讲解知识点相关的实际项目案例或名师授课视频，如果无法找到，就需要教师自己录制，通过理论讲解和操作演示，录制与课程知识点逐一对应的5~15分钟的授课视频，帮助学生通过视频学习，对知识点在理论层面上有一定的认识，熟悉实际操作过程。接着教师针对视频设定相应的课前自主学习案例，帮助学生通过解答案例中的习题，加深学习的兴趣。学生在授课视频和阅读材料的帮助下，完成课前自主学习案例，并且通过线上的交流讨论，巩固知识点或是提出新的问题。

2. 线下课堂的时间安排

课堂教学是师生面对面交流的最佳平台，教师在课前从慕课平台掌握学生的课前预习状况和疑问所在，在课堂中就可以进行重点的分析讲解和解答，也可以组织学生进行讨论，采用课堂问答和主题演讲等形式，调动学生积极性，使其加深对知识点的理解和应用。课堂主题演讲时间控制在5~10分钟之内，演讲完成后其他学生可以提问，最后由教师进行提炼和总结。

无论是主题演讲还是课堂讨论，教师的任务是把控讨论的主题，在自主讨论中积极引导学生按照既定方向进行，同时控制时间，提高课堂授课的有效性。在讨论当中，学生必须是主体，在教师点评的环节，也要以正面表扬为主，以期调动学生的积极性和创造性。在课程实践环节，也可布置一些主题要求学生分组讨论。学生讨论的分组，完全按照自愿的原则，在完成分组后，选出一个组长，组长要负责主题拟定、组织交流、记录心得等工作，教师则要把握小组讨论的进程，适时指导。

（三）教学的实际效果

线上线下混合的教学方法实施后，使课堂教学更注重学生对知识的理解，课前的线上学习培养了学生自学能力，经过一整个学期的课程，学生的实践和工程应用能力都得到了相应的提高。而且，试点班学生的期末考评除了期末考试还有线上学习、课堂讨论、课程设计大作业等评价，这种面向过程的评价方式更加客观和全面。

1. 激发学生的学习兴趣

无论是在线上学习还是线下学习过程中，做到及时反馈激励，进一步激发学生学习兴趣。尤其在线下课堂面授时，先反馈线上学习情况，每人学习任务完成没有，完成了多少，作业或测试成绩如何。同时也反馈线下作业完成情况，及时点评并指导他们进行修改，要求学生及时查漏补缺，巩固本节内容学习等。及时地反馈能激励学生认真学习，并进一步激发学生学习兴趣。

2. 学生学习效率的提高

线上线下混合式教学，提高了学生学习效率。在传统课堂教学中，由于学习时间地点固定，学习资源单一匮乏，教学效率不高，教师和学生都感觉比较累。线上线下混合式教学模式下，学生学习的时间与地点可以自由选择，学习资源与形式也十分丰富；这种状况一方面正好满足了年轻一代学生信息技术应用能力较强，表现欲高的需求，能提升他们的学习兴趣，为提高学生学习效率奠定良好的基础；另一方面即便老师不能亲临现场教学，也可以通过资源库平台和云课堂，遥控学生及时学习，解答学生的问题，指导学生完成相关学习任务；学生学习的信息量上升，学习的效率自然会提高，以英语写作课为例，在该混合教学模式下，学生学习的英语作文的种类和数量都多了，相应地，学生会写的英语作文种类和数量也多了。通过学生反馈，一个学期的学习收获比没有开展前几个学期的总和都多。

3. 学生的学习成效显著

提高学生学习成效。线上线下混合式教学模式，让学生形成课前学习，课堂提问，课后复习与学习的行为习惯，学生一直处于学习、询问、消化、学习的状态。主动学习的记忆效果远比被动接受的效果好，完成相关工作任务后能得到及时指导与修改，巩固了相关岗位工作的技能；得到高分和老师的肯定也增强了学生的学习兴趣和信心。

四、高校英语混合式教学模式的要求

（一）课堂教学的内容要求

教学内容是课程教学的核心因素，教学内容的好坏对课程教学具有直接的影响。对此，英语慕课教学的过程中教师应对教学内容进行合理的编排，可以从以下方面进行安排：

第一，综合考虑课程内容的整体性、时间的安排以及知识点的完整性等，对知识内容进行合理切割。

第二，根据课程的逻辑关系，合理编排微课程，使学生能够以轻松的心态进行学习。

（二）教师团队教学的要求

教师还应不断地更新教案与课件，将教学与实时动态紧密联系在一起，使学生的学习需求得到满足。然而，每个学生的个性特征及兴趣爱好等存在一定的差异，所以教师对教学资源的整合就显得特别重要，教师应该尽可能地满足绝大多数学生的需求，为学生解答疑惑，将课程的趣味性与理论性有效结合。教师应具备较高的职业素质水平，能够将优质的教学内容通过科学的方式传授给学生，促进学生的理解，提升学生的学习效果。教师是线上教学的实施者、承担者也是受益者。教师应具有较高的专业知识和职业素养。首先，教师应该掌握本专业内丰富的理论知识；其次，应加强慕课技术的研究与掌握；最后，还应该提升自己的团队合作意识及能力。只有教师自身的职业素质水平提高了，才能使教学效果和质量得到保障，才能使学生在寓教于乐的学习中收获丰富的文化知识。

线上教师要同时满足四种角色职责：教学者、社交指导员、节目经理及技术助理。教学者的角色是要做学生学习的咨询、引导及提供学习资源；社交指导员的角色是要营造一个合作的学习环境；节目经理的角色是要对线上教学活动做组织、控制程序及行政支持的工作；技术助理的角色则要协助学生顺利操作线上教学的系统、设备，并解决学生所遭遇的技术困难。与霍特斯坦有类似看法的学者甚多，文梅森从线上教学所应担负的功能上去归类线上教师的角色，将其分为：组织性角色、社会性角色、知识性角色三类。柯林斯及贝热龙归纳线上教师所担负的职责，将其分为：教学者的角色、社交人员的角色、管理者及技术支持者的角色三类。以上这些学者是从线上教师职责的类别，去分析了解线上教师从事带领工作时所应担负的角色。但也有些学者直接从他们观察线上教师带领活动的经验中，以比喻而言明线上教师所应担负的角色。贝热龙及柯林斯将教师的角色定义为过滤者、救火员、促进者、编辑者、经营者、讨论组长、内容专家、协助者及推销员等。

教师在带领学生进行线上教学的时候，因应情境要分别扮演不同的角色；有的高校将网络课程的教学工作细分为：教材设计、教材制作、教学讲述、带领讨论、作业评量等项目，分别交给不同的人员来负责，所以有的学者将这些分担不同职责角色的人员给予不同的称呼，如线上助教、线上导师、线上引导者、线上评量者、线上会议主持人、线上活动主席等。在实务上，大部分高校往往没有可以聘用多个线上教学人员的优厚资源，高校教师对所有或大部分的线上教学工作都要一肩承担，因此，我们也只能称呼这些担任线上教学所有工作的教师为线上教师，并以所有线上教学带领应扮演的角色及担负的职责来期许线上教师了。

（三）对于学生群体的要求

线上教学，应用在教学中，使学生在学习时间、空间的选择上都十分自由，教师不能对学生进行有效的监管，只能凭学生在学习过程中的自主性。然而，大部分学生在线上学习的时候不能做到良好的自控与自律，往往会出现代课、缺勤、注意力不集中等情况。如此一来，线上教学的实际效果将难以得到保障，为教师对学生学习的监管带来挑战，教师应该设法提高学生线上学习的自主性，提高线上教学的实效性。另外，学生也应该加强自控以及自学的能力，培养良好的学习习惯。

第三节　高校物理学科的混合式教学改革

高校物理实验课程是高校理工科学生必修的基础课，是物理学专业学生的专业实践课程。随着国家的发展，各行各业都呈现了不同的需求，传统的教学方式已经不能全面地满足需求，我们必须与时俱进。例如，在处理数据过程中使用的逐差法、描点作图法比较粗略，最小二乘法耗时等；在微信、腾讯QQ等即时通信手段普及之后，学生学习的方式不再仅停留在课堂上；"雨课堂""学习通"平台的搭建更是让学生获取知识的途径有了较大的改变。

实验教学授课方法改革迫在眉睫。尝试实现线上和线下相结合的物理实验教学模式，将现代教育技术与线下的课堂有机结合，对教学内容进行优化，把学生实验过程进行细化以及较科学地核定学生成绩等进行了改革和实践，取得了一定的效果。

一、高校物理学科混合式教学的具体内容

（一）物理学科混合式教学开展的线上内容

1. 开设与实验项目相关的内容

（1）实验涉及的主要理论介绍。把开设的实验项目中涉及的理论知识进行演示文稿的讲解，上传"雨课堂"或者"学习通"便于学生移动学习。

（2）实验内容及要求。在"雨课堂"或"学习通"发布开设的每个实验的实验内容

和要求，让学生围绕其开展预习。

（3）仪器介绍和操作示范。在"雨课堂"或"学习通"发布实验所用仪器的介绍，便于学生在实验前了解仪器的结构、设计思想、使用的注意事项等。

（4）实验预习测试。利用"雨课堂"或是"学习通"，发布每个实验预习测试，其中全班同学发布可以选用"雨课堂"或是"学习通"少数学生发布时建议采用"学习通"发送。

2. 呈现与实验相关的趣味故事

把实验仪器或者实验设计思想的故事在"雨课堂"或是"学习通"中给学生呈现出来，有利于提高学生的人文素养，同时也能开展课程思政。

（1）仿真实验。建立了仿真实验平台，让学生利用仿真实验实现提前感知实验现象或者实验中不能实现的一些现象，并拓宽学生的视野。

（2）科学软件利用。帮助学生利用科学软件高效地对实验数据进行分析，找出形成误差的主要原因，锻炼学生分析解决问题的能力和提出问题的能力。

（3）利用微信、腾讯 QQ 建立课程群。方便学生与学生之间、教师与学生之间及时沟通。

（二）物理学科混合式教学开展的线下内容

第一，分层循环开设实验。根据实验室的仪器和参考教材把实验室能开设的实验进行分层，共分为基础型、提高型、创新设计型和仿真实验四个层次。在基础型和提高型中又分为必做和选做两类，学生可根据自己的兴趣和意愿在选做项目中选做喜欢的项目。实验循环开展，学生分组进行实验。

第二，指导实验操作的过程评价。在第一轮实验中教师指导实验的具体过程偏多，第二轮、第三轮实验中教师旨在帮助学生解决问题，实验结束后对学生的操作进行评分。

第三，使用科学软件分析实验结果。实验结束之后，学生根据实验的实际情况利用科学软件对数据进行处理和误差的分析。

第四，全天候开放实验室。在上课期间，实验室开放，学生可以与实验室管理人员预约到实验室进行预习，也可以在做完实验后，再次进入实验室解决遗留问题。

二、高校物理学科混合式教学的改革创新

（一）物理学科混合式教学设计的路径

1. 给学生过渡的适应时间

刚进入高校的学生都经历了应试教育的训练，习惯于题海战术；不太习惯提问题，而

擅长解题目；学习方法主要是机械记忆，缺乏对问题的深度思考。因此，我们可以利用学生的这种习惯，先在课堂上讨论预习后的习题，让那些性格内向、腼腆的同学容易参与进来，也不必担心提的问题是否会被其他同学否定。而那些学习成绩较优秀的同学，则更愿意主动发言，帮助解答题目。

2. 注重引导学生重视实践的学习

传统的高校课堂授课模式基本上以教师为主导，在授课内容上，教授的知识也往往是"情景知识"。线上课程和传统的课堂授课相比，课程知识呈现出多样化、精品化的特点，学生在课程学习上有更大的选择空间。在教育理念上，线上课程更加突出知识获得的社会性，结合线下教学，通过教师与学生之间以及学生与学生之间的互动和讨论，解决学生在课程学习中出现的疑惑和问题。

3. 题目要注意激发学生的学习兴趣

兴趣是最好的老师，是求知的内在动力。但是学习兴趣不是天生的，教师需要想方设法引导学生，充分调动学生对学习的积极性和主动性，从多方面激发学生学习的兴趣，挖掘学生兴趣的潜在因素，并且在高校物理课程中，激发学生学习兴趣的题目很容易找到。

4. 关注学生模型抽象能力和学习方法训练

模型抽象的推理能力和学习方法在学生的学习中有着重要的作用，以知识点掌握为目标的授课模式，在教育理念上是行为主义的。传统的单纯课堂教学模式中，学生通过教师对作业的批改获得反馈，调整自身的学习策略，达到对知识点应有的掌握；教师通过学生作业了解学生学习情况，调整自己的教学策略。而在混合式教学模式中，课堂教学以问题讨论为主。

在基于建构主义的课堂教学中，教师作为引导者和组织者，可以近距离了解学习者的学习过程，通过评价学习者的学习策略和学习过程，学习者能够更好地调整自己的学习方法，掌握更多解决问题的思维工具，这是远程教学难以做到的。与此同时，学习者的主动性得到更大的发挥，这对于提高学生对知识掌握的熟练程度，进一步提高学生对相关知识的掌握都能起到积极的作用。因此，只要教师仔细设计讨论题目，有意识地培养学生对模型抽象的推论能力和学习方法训练，一定会对学生的科学素养和学习能力的提高起到重要的作用。

5. 结合授课内容的重点及难点循序渐进

学生参与课堂讨论的积极性，可以通过难度递增的题目培养和保持。先通过简单问题的训练，让学生获得成就感，增加学习兴趣；再逐渐引导学生完成较难题目的讨论。

传统课堂教学中常用的例题，由于分布在不同的授课场景，学生听讲后印象不深，更难举一反三。通常在混合式教学中，学生通过线上自主学习后，再到课堂上讨论，学生对这部分知识的理解深度超过了传统教学中课上教师讲例题，课下学生做练习的学习效果。

6. 引导学生进行深入的研究性学习

高校教师把教学落实在知识传授上是远远不够的，重要的是要培养学生获得知识、创新知识的能力。教学过程中应该唤起学生的问题意识，鼓励学生提出问题，推敲所学知识的实际应用，引导学生进行研究性学习。教师要采用启发式、研究性教学，可以从对某个问题的推理开始，让学生体验研究问题的基本方法，增强研究问题的兴趣。

7. 根据学生反馈情况调整教学策略

以学生为主体的讨论课堂，教师不可能按照自己事先预设好的流程和时间实施教学。这时，教师要根据学生的课堂反映及时调整教学策略，学生存在思考误区时，适时给予正确的引导。通过对记录的讨论过程进行分析发现，并非所有的问题都能得到学生的积极回应，学生在小组讨论的过程中会发表对讨论内容的意见，教师可综合学生的意见对讨论题进行更新或修改，以确保讨论题能够更好地促进学生思维能力的发展。

另外，教师掌握学生的学习数据后，还可通过学习分析技术，选定学习成绩的影响因素以及预测算法，构建预测模型，从而可以对学生下一阶段的学习成绩进行预测。对于学习困难的学生实施及时的干预和帮扶，以及动态调整教学内容等，以确保教学质量。

（二）物理学科混合式教学的具体实践

实施在线教学，涉及在线课程资源建设和在线课程教学管理两方面。通常意义上的在线课程可以等同于网络课程，它是针对网络环境下的教学，其课程建设既要考虑计算机、多媒体、网络等技术设施对教学方式的支撑作用，也要兼顾经过数字化处理，可以在多媒体计算机上或网络环境下运行的各种用于教与学活动的信息资源。对学习者实现知识架构、系统理解掌握学科知识的需要。目前较为常见的网络学习资源主要有微课、网络课件、虚拟仿真教学资源等，其主要特性为：①资源共享性；②形式多样性；③双向交互性；④内容生成性。网络学习资源在网络课程中的作用表现在：①有利于学生自主学习；②有利于教师创设情景；③有利于师生互动交流；④有利于教育社会化的实现。

基于SPOC的高校物理混合式教学模式，因其以翻转课堂为主要教学方式，所以在线课程不能同慕课一样，将传统的课堂教学过程直接放到网络上。重要的是要利用线上教学、线下讨论的各自优势，针对不同的教学环节合理划分线上线下的教学资源，重构课程教学内容。其中，微课程建设是任何一个拟开展混合式教学的教师所必须进行的工作。

1. 制作在线课程的资源

线上教学资源包括教学目标、教学内容以及相关的小测试、单元作业等。目前，各大在线教育平台上的在线课程资源均以微课程为主，通常由网络教学环境、课程教学主体内容、辅助学习富媒体、课程评价等多个模块组成。相对于传统的课堂教学模式，混合式教学模式中的在线教学资源建设，教师要重点做的工作是录制教师讲授课程知识的教学微视频。在线资源的质量直接影响在线教学效果，而在线资源质量的高低却与教师教学的业务能力有着密切的关系。另外，微视频的质量还和制作技术有关，教学视频的来源可以是课堂教学录像剪辑、通过录屏软件制作、专用教室录像剪辑、虚拟教室等，这四种模式是目前国内教学视频的主要模式。录屏软件制作教学视频，相对成本较低，后期制作也比较简单，成为在线视频制作的最主要的形式。

(1) 在录制教学视频时，应先根据教学要求，梳理教学内容的知识点与知识框架，根据知识框架，确定教学内容的重点与难点，在此基础上录制教学视频。教学视频的内容应遵循"高聚焦，低耦合"的原则，视频突出介绍一个知识点，每个视频长度尽量保持在10~15分钟，以方便学生泛在学习的需要。

(2) 在制作教学视频时，可以在视频中插入小问题，对应每个微视频设计相应的练习、测试等帮助学生巩固所学内容。对于高校物理教学，还可以适当引入演示实验和虚拟仿真实验，增强教学效果。

(3) 在拍摄教学视频时，教师可选择出镜或者画外音两种模式，出镜又分为"画中画"出镜和"讲课者与授课板同屏"出镜两种模式。如果只是以画中画形式出镜，教学效果和画外音模式相同，但是如果教师能够通过手势或者教具指出教学内容的重点，能够引起学生的重视。通过写字板、数位板将教学过程再现，既可以提高学生对视频的关注度，也可以提高学生与教师之间的交互数量，著名的可汗学院就是以这种形式授课的。

(4) 在制作教学课件时，可以采用深色背景，避免学生观看教学视频引起视觉疲劳。课件中字体和颜色不宜过多，以免分散学生的注意力；对于教学过程中的重点，宜通过字体或颜色突出。在课件中，不应放置与教学内容无关或关系不大的图片。

2. 管理在线课程的日常

对于教学过程的管理，课程上线时应给出课程的教学大纲和教学要求，包括学生在哪些时间应完成哪些内容的学习，哪些时间要递交作业，以及教学的重点等。对于在线课程平台使用的常见问题可以在讨论区直接回答，方便学生查阅。对于学生提出的质量较高的问题，应加以鼓励和表扬，提高学生的学习兴趣。教学团队应安排专人负责在线答疑工作，保证及时回答学生的疑问。特别推荐一种数据分析的方法：在条件许可的情况下，可以采集学生每一次完成测试题目的数据。

总而言之，混合式教学的教学效果与学生、教师以及教学环境有关。对于学生而言，影响学习成效的因素来源于学习动机、知识基础、智力因素与沟通能力；对于教师而言，影响学习成效的因素来源于业务能力和师生交互程度；对于外部环境而言，主要包括环境支持与课业压力。物理学科混合式教学的具体教学实践的成功需要在多方的共同努力下进行。

第五章 高校混合式教学的模式改革与设计创新

第一节 基于网络学习空间的混合教学模式

一、基于网络学习空间的混合教学模式特征

（一）学习内容的特征分析

进行学习内容的特征分析是教学设计的一个重要内容，根据课程的教学目标，确定学习内容的难度层次、知识点之间的联系以及明确学习者能够达到的能力水平。学习内容分析的目的是明确各部分的联系，为教学顺序的安排奠定了基础，既要解决"教哪些"又要解决"如何教"的问题。对学习内容进行分析，才能有效地安排教学内容，设计有效的学习任务，这样才能更好地满足学习者的实际需求，帮助学习者完成自身知识体系的建构。基于网络学习空间的教学模式，对学习内容的要求也很高，不仅要考虑线上以及线下的学习内容，而且还要考虑满足学生的不同需求。因此，对学习内容进行分析也是确保教学活动有效实施的一个重要步骤。

（二）学习主体的特征分析

教学设计的主要目的就是为了促进学生主体学习，教学方案的设计是否符合学生主体的学习特征是衡量一个教学设计是否成功的重要指标之一。受多种因素的影响，不同的学生主体之间既存在相同的地方，又会在认知结构、学习风格等方面存在差异性，因此，在进行教学活动设计之前，要进行学生主体特征分析，进而设计教学活动和教学资源等，提高学生主体的学习兴趣。

学生主体特征分析一般是对学生主体原有的认知水平、起点能力、学习动机、学习风格等方面进行分析。学生主体的认知水平就是其在该认知阶段面对事物或问题时学生主体所体现出来的价值观、思维方式等。在进行教学设计前对其进行分析，可以更好地帮助或者引导学生主体的思维方式的发展。起点能力可以理解为学生主体原来所具有的知识、技

能以及对所学内容的态度,对学生主体起点能力进行分析对确定教学方法有重要的影响。

学习动机可以理解为帮助学生主体参与学习活动的一种动力,它也可以理解为学生主体进行学习的一种需求。对学生主体的学习动机进行分析有助于提高学生主体的学习兴趣,提高学习内容与学生主体学习需求的相关性,使学生主体在完成学习任务时能够获得强烈的满足感。

学习风格是学生主体在长期的学习过程中形成的一种有自身特色、有规律的学习和认知方式,即学生主体惯有的处理信息的方式。对学生主体的学习风格进行分析能够反映出学生主体是如何感知信息、如何与学习环境相互作用,反映出学生主体的差异,有助于教学活动的有效实施,实现因材施教,满足学生的个性化需求。因此,在进行教学活动设计之前进行学生主体特征分析是非常必要的。

(三)学习目标的特征分析

学习目标是指在进行教学活动后期望学习者能够达到的一个学习标准,它是提前设定好的,所达成的结果也是可测量的,它的设定也为教学活动的实施提供了明确的方向。进行学习目标分析可以理解为把当前所有的内容分解成许多的知识点,确定每个知识点所达到的学习目标层次,再将各知识点的目标层次落实到各个学习活动中去,学习内容分析与学习目标分析是紧密相连的。因此学习目标是否明确、具体,直接影响到教学是否按着预定的、正确的方向进行。对学习目标进行分析可以规范学校教师所需讲授的课程,可以帮助学习者正确地认识学习方向,在一定程度上也可以激起学习者的学习动机,同时学习目标的设定也为评价者进行教学评价提供了参考标准。因此,在设定教学目标时,教学目标不要过大,要充分考虑到每个学生的学习能力,这样才会使学生在完成教学目标后具有满足感,增强学习者的学习动机。

二、基于网络学习空间的混合教学模式设计

(一)设计教学的资源

"网络学习空间利用其数据化、智能化功能为混合教学创设了体现个人自愿投入认知和情感的富媒体学习场域"①。大部分高校生每次在网络学习空间的学习时长不超过 2 小时,在学习资源方面大部分的学习者比较喜欢视频这种类型的学习资源。因此,在网络学习空间中设置学习任务时应该把学习者完成任务的时长控制在 1 小时左右,进行线上的学习资源设计时要以微视频、课件为主,以文档、音频、图片、网页链接等学习资源作为辅

---

① 梁中锋,翟炎杰,李小娟. 基于网络学习空间的混合教学设计与实践 [J]. 中国成人教育,2018 (5):101.

助，丰富空间中的资源，这样学习者可以更加方便地选择空间中相关的学习资源进行自主或者小组协作学习，完成学习任务。

（二）设计教学的活动

有效的教学活动设计的目的是为了达成教学目标，提高教师的教学质量和学生的学习效果，学生在参与教学活动的过程中能够更好地掌握知识并能将知识运用到实践当中，从而提高自己的自主学习能力、问题解决能力、协作交流能力等。

在设计教学活动时，依据建构主义学习理论，学习者要成为意义的主动建构者，但是按照学习者认知发展水平、学习任务难易程度、学习过程复杂程度等，可将自主学习划分为指导型、引导型及发现型。而学习任务的设计应充分考虑到学生基于网络学习空间开展自主学习的需要，应体现由简单到复杂的认知规律和知识的前后联系。

因此，在教学活动中的学习任务的设计主要是分成指导型、引导型和发现型三个类型，其中，指导型和引导型的学习任务是学习者必须完成的，教师起到指导和控制作用；对于发现型的学习任务，学习者根据自身的情况进行完成。通过设计合适的学习任务和活动，以期在潜移默化中激发空间中不同层次学习者的学习兴趣，提升各层次学习者的问题解决能力、自主学习能力、协作交流能力等，取得更好的学习效果。

（三）设计教学的评价

教学评价是指评价者参考教学目标，对学习者的整个学习活动过程以及学习成果进行判断的过程，可采用考试、问卷调查、评价量表等手段进行。在应用网络学习空间的过程中设计合理有效的评价方法是非常重要的。评价主体不仅有教师还包括学习者，可进行教师评价、学习者自评、小组互评、组内成员互评等。在课程导学与课前两个阶段将主要采用诊断性评价的方法，教师可以根据课程导学阶段的简单情况调查、课前阶段的在线测试与讨论区的讨论情况了解学习者的学习准备程度，以便教师在后面的教学活动中采取相应的措施，保证教学活动的有效实施。

形成性评价存在于线下课堂教学与课后的线上学习过程当中，在课堂教学中可根据作业汇报等情况进行教师评价、学习者互评、小组互评等；线上的学习根据任务完成情况、在线测试、活跃程度等情况以及在线学习者互评来完成学习评价。进行形成性评价既能帮助教师改进和完善教学活动，又能够发挥学习者的主观能动性，增加学习者的参与度，提高学生的学习兴趣。在章节的最后或者期末时要进行总结性评价，章节的总结性评价可以根据学习者作业完成情况进行学习者互评和教师评价，再结合学习者在线章节测试结果获得评价结果；期末的总结性评价根据学校的要求再结合学习者的章节评价进行综合评定。

第二节　线上线下混合教学的模式改革与设计

一、线上线下混合模式下的课堂教学改革

随着计算机和互联网的快速发展，越来越多的学校开始重视线上线下混合式教学，开展线上线下混合式教学对提高教学质量是十分有帮助的，因此要进一步丰富线上学习资源，以增加学生线上学习的积极性。并且"现在，国内外越来越多的教师和相关专家鼓励教学中采用线上线下混合模式"[1]。

（一）线上线下混合教学的主要环节及方法

线上线下混合教学模式实际上是对多种学习方法与理论的大融合，取百家之长，使其混合成效达到"部分相加大于整体"的目的。但当前处于发展初期的混合教学模式，尚存在各类问题有待解决。本书以提高混合教学模式教学质量为目的，从教师工作层面提出实施混合教学模式的有效方法，为混合教学模式的进一步推行及成效的提高抛砖引玉，对解决当前阶段混合教学模式出现的新问题、进一步开展混合教学模式推广、提高混合教学模式教学质量均有一定作用和意义。

1. 线上线下混合教学的主要环节

（1）线上教学资源质量环节。目前，线上教学资源质量较低，主要表现在两个方面：①仿真性差。线上教学资源大多来源于网络资料，案例内容仿真性较差，与实践工作存在较大的差异；教师到公司挂职为学校线上资料的建设提供了方便，但由此方式取得的教学资源利用率偏低，尚未和教学内容实现无缝对接。②更新率低。线上教学资源的更新率偏低，目前多数教师只是在学期初上传教学大纲、教学计划、教学说明、课件、习题等基础教学资料，与该课程相关的热点、难点等时事资料与授课视频资料、文献资料等，在授课过程中更新不及时。

（2）线上资源与线下教学有机结合环节。目前存在线上与线下结合不紧密的现象。教师上传的资料一般留给学生自主学习，课堂上教师讲授时间相对较长，延续传统教学模式。线上资源与线下教学有机结合不紧密，具体表现为：课前的内容导学、学习任务、重难点微视频、课前测试的安排等方面欠缺；课中的共性问题讨论、答疑评论、学生讲解、成果展示、创新应用的安排不充分，学生参与的环节设计不科学，学生热情度不高。由于

---

[1] 梁斌. 基于云教育线上线下混合教学的研究分析［J］. 新课程，2021（17）：27.

发言或展示的学生水平有限，课程制作成果包含的知识量有限，学生可获取的知识量较少，有很多同学认为该种模式未实现有效学习；课后的线上小组、导师组织交流、主题讨论、项目实践反馈不足，由于当前授课人数较多、教师授课任务量多、大量的网上资料需要建设等，教师可用于课下线上交流的时间有限。

2. 线上线下混合教学质量提高的方法

（1）提高线上教学资源的质量。实现教学资源质量的提高，要求高校教师加快学习计算机技能，包括动画制作、视频录课等，在学习平台展示生动有趣的页面设计、视频动画，激发学生学习的积极性。丰富学习平台资料，及时发布与课程相关的热点，及时筛选难点知识的文献资料，引导学生进行深度学习，在提高对问题的理解能力的同时锻炼其写作能力。线上教学资源的丰富与美化势必给教师带来大量的工作，需要各专业与计算机专业、大数据专业等团队合作建设课程。高质量课程的建设是一个漫长的过程，应有逐步完善的理念，每学期形成"复利"，促进线上资源的不断丰富与优化。

（2）实现线上线下教学有机结合。解决当前线上与线下教学的问题，需要教师在混合教学中结合线上建设资源进行学习日历的安排，明确学习阶段和里程碑，配备好视频和文字教程，结合练习及案例进行主题讨论，并对可能出现的问题点备案。混合教学模式下强调教师的"导演"能力，心理预设彩排备课环节，预见可能发生的情况，预留悬念，思辨后提炼总结答案，通过好玩的创意活动，让预设的案例、讨论、辩论、竞赛等教学环节实现强化、深化、广化学生的学习内容。为学生进行知识点的查漏补缺，同时提高学生的思辨能力与实践能力。教师要及时总结线下与线上教学中存在的问题，每门课程配备 2~3 名学生课代表，帮助老师及时监督作业的完成情况，并进行作业答疑。分团队进行线上资源的学习，观测团队学习活动开展情况，预评学生学习效果，制定下周的学习活动安排表。

（3）完善学生线上学习管理监督机制。混合教学模式下，学习管理监督机制有待完善，针对学生拖延、抄袭、应付完成线上任务问题，需要完善 App 的相关监督功能，包括教师发布作业后的提醒作业功能、截止时间提醒功能、错题讲解功能；关于课堂上出现"手机党""低头族"等影响学习问题，应增强学习打卡功能，开启可锁定手机里其他娱乐功能；关于教师对线上学生自主学习任务完成统计功能，应借助大数据科学分类、有效打分、自动汇总，减少教师工作量；针对讨论答疑等问题，应考虑给教授等配备助教，协助其完成大量的线下教学监督工作。

（4）混合教学模式下学分制改革深化。学分制改革深化过程中，采取混合教学模式，会使课程资源、教师资源与学生需求等问题复杂化，这就需要制订混合教学模式下与学分制改革相匹配的教学资源配置方案与学生考核新方式。

在教学资源配置方面，可考虑将教师分为技术型、科研型、教学科研型、教学型等。其中，技术型即计算机技术能力占优势的教师，主要从事线上资源的制作；科研型负责提出热点与难点，规划线上资源重点、难点，并提出思考问题；教学科研型教师主要实现线上线下资源的衔接，对企业实践实务资料提出改进对策建议；教学型教师则要实现线上资源的录制等职能。

在学生考核方式方面，学生的学分可分为两部分，分别是由任课教师评定的平时成绩与期末考试成绩构成。要强调过程考核的重要性，就要让期末考试成绩的占比逐年下降，平时成绩占比逐年增长。平时成绩在传统教学模式中一般由出勤、作业、上课讨论、回答问题等表现构成；在混合教学模式下，平时成绩的构成应复杂、多元化，可对学生线上参与度进行量化，同时结合课上讨论、展示等表现来进行评定。

（二）线上线下混合的课堂教学相关理念

线上线下混合式教学模式是以行为主义和建构主义学习理论等为指导，借助现代教育技术、互联网技术和信息技术等多种技术手段对教学资源进行优化组织、整合、呈现和运用，将传统面对面的课堂教学、实践实操教学与网络在线教学进行深度融合，以寻求两者优势互补，从而实现最佳教学效率和效果的一种教学方法。线上线下混合式教学主要包含在线教学、直播录播、教学互动、课程点播、教学管理等多项功能，快速搭建在线教育平台，迅速开展网络教学，满足教师对在线教育平台的需求。

学生是教学工作的主体，教学活动应以学生为中心开展，学生自然也成为混合式教学的主要参与者。教学需要从各个方面为学生提供支持，充分调动学生参与混合式教学改革，进行混合式学习的主动性和积极性。网络教学与离线教学的结合，既能体现学生的主体地位，又能发挥教师的主导作用，是高校教学改革的新方向。线上线下混合式教学具有以下特点：

第一，线上线下混合式教学从字面意思理解就是同时采用"线上"以及"线下"两种教学模式。

第二，要清楚地意识到"线上"并非辅助学习的方法，而是教学活动的基础。

第三，线上线下混合式教学改革没有统一的模式，但是有统一的追求，即改善学生学习效果，培养良好的学习习惯。但在课程融合过程中，具体要根据课程来确定，并非所有课程都需要采取线上以及线下相融合的方式。各平台都有与之相适应的教学行为以及手段。

第四，相比传统的教学，这种模式时间和空间更自由，可以在任何时间、任何地点开展教学，所以线上线下混合式教学改革势必会对传统课堂教学各个方面进行重构。

伴随教学结构的转变，线上线下混合式教学的师生角色发生了很大的变化，这就使得教学理念也随之发生了改变。在传统教学模式中，"以教师为中心"的教学理念转变成"以学生为中心"，教师也无法在课堂上主导一切，不再是知识和学生之间的传递者，教师成为教学活动的设计者，变成了教学过程中的总导演；学生也不再是被动的学习者，而是主动接受知识的汲取者，成为教学活动中的主角。

在线上线下混合式教学课堂上，随着教学理念和结构的变化，师生角色必然发生改变。不管是课前学生自主学习还是课上知识的吸收内化，学生都是学习的主体，而教师则变成了学生课前自主学习任务表的设计者。在线上线下混合式教学课堂中，教师是导演，学生是主角。

二、线上线下混合模式下的课堂教学设计

（一）线上线下混合的课堂教学结构设计

线上线下混合式教学最显著的特征就是教学结构的翻转，在传统教学中，教师会在课前布置预习任务，但是，这种预习是大致的、无指导的，可能与教师讲解的内容没有任何关系。因此，在进行线上线下混合式的教学设计时，上课前，教师应该精心准备与教学主题密切相关的学习资源，并利用在线教学平台针对不同的学生发布个性化的学习任务（如教学内容的难度或者学习要求的不同）学生按照任务有序地开展学习，遇到问题可以反复观看或者与同学教师在线上交流讨论。在整个课前的学习中，内容明确，目标清晰，为课堂知识内化的活动奠定了牢固的基础。

由于课前充分的自主学习，学生课上都是带着疑问而来，不只是跟随老师的指导，与教学主题相关的知识储备使得学生能够真正地参与到课堂的讨论中；课堂教学内容再也不是老师凭经验和教材主观判断出的重难点，而是课前学生真实发现并反馈的问题。因此课堂中学生的学和教师的教更有针对性，互动性更强，学习氛围更热烈，从而使得面对面教学的时间得以充分的利用与发挥，提升了课堂教学时间的价值。

（二）线上线下混合的课堂教学评价设计

混合教学下的课程考试方式要突破以往"教室+试卷"的单一状况，考试内容要改变过去偏重书本知识的机械记忆和理解而对学生的技能操作和实践能力的内容考查较少的情况。线上线下混合的课堂教学评价设计，需要根据在线学习与线下表现，建立多层次、多元化、动态、开放性的考试及其评价体系，结合多种形式，注重过程考核，以对学生能力进行全面而科学的检验。

在线上线下混合式教学的整个教学活动组织过程中要用评价贯穿课前、课中的整个学习过程，教师引导学生反思自己的学习，及时调整自己的学习态度和方法等，帮助学生养成反思和总结的习惯。教师则依据课前课中的评价结果对教学过程进行反思和总结，及时改善后续的教学设计。

因此，目前已经完全实现了多元化的评价，主要有主体、内容以及评估方式的多元化，见表5-1。

表5-1　线上线下混合式教学学生评价

阶段		评价内容	评价主体	评价方式
日常	课前	学生的自学能力、学习态度以及本节课程知识点的掌握	学生、教师、家长	客观题系统自评；主观题教师评或学生互评
日常	课中	学生的协作交流能力、口头表达能力、提出问题解决问题的能力、人际交往能力、自主探究能力等	本人、同伴、教师	评价量表；自评；组内互评；组间互评；教师评价
期中、期末		整体的、综合的评价	本人、同伴、教师	成果展示汇报、结业测评（考试）等

第三节　高校混合式教学的督导模式的创新探索

为建设高水平本科教育，全面提高人才培养质量，各高等学校不断完善本科教学质量保障体系，基本形成了完整的质量保障闭环机制。其中，以督学为主的本科教学督导是教学质量保障的重要手段，旨在通过督导专家对教学工作的检查、监督、评价和指导，进一步规范教学活动，促进教学改革，提升本科教学质量。

因新冠肺炎疫情而开展的线上教学工作，所涉师生人数众多，课程范围广泛并且教学时间很长。大规模的在线教学实践，将现代信息技术全面融入教与学的过程中，改变了教育的形态。在积极应对疫情带来挑战的同时，一些高校主动从教育教学改革、专业人才培养以及课程建设与教学等不同层面谋划布局、化危为机，重塑教育教学形态，积极打造"线上金课"深化教育体制机制改革，构建线上与线下协同发力、融合互补的混合式教学模式，形成高等教育线上线下一体化服务体系，切实提升人才培养质量。

信息技术与教育教学的深度融合以及混合式教学模式的应用，给高校本科教学带来了更多的创新与突破，也更加符合新时代人才培养的需求。与此同时，如何保障线上线下教学质量实质等效，不断提升本科教学质量是高校面对的又一重要课题。高校教学督导作为本科教学质量保障的重要抓手，需要与时俱进，不断探索和创新督导工作模式，适应教育信息化带来的变革与发展，确保教学督导的有效性和实用性。

一、创新评价机制，构建一体化督导评价体系

面对线上线下混合式教学的质量评价，高校既要参考传统线下教学的质量评价指标，也应考虑到线上教学的特点，按照高校立德树人、"三全育人"相关要求，结合审核评估及专业认证标准，从课程类型、教学模式等维度出发，重新设计横向与纵向相结合的评价体系。

作为治理主体，各高校应致力于促进教学管理、质量保障、实施和评价的现代化，推进现代信息技术与教育教学深度融合，并以此为契机，着力打造功能完备、教学督一体的网络平台，促进督导工作信息化和智能化升级，形成教学督合一的服务模式。一体化督导评价体系的构建需要关注以下内容：

第一，满足基础教学功能需求，包含直播、录播教学及回放，课程建设，教学资源上传和获取，师生实时互动，辅导答疑及考核等。

第二，支持教学质量评价与反馈。面对新时期混合式教学模式，支持线上线下同步评价的质量保障系统不可或缺。一方面要完善评价功能，支持不同评价指标体系和指标权重的设置，支持多种课程类型和多样教学模式的课堂评价，支持来自多元评价主体的评价结果获取和呈现；另一方面要建立反馈机制，既要支持教师对评价结果的获取，也要实现督导对评价结果反馈情况的跟踪，建立师生与督导的沟通渠道，有效关注教师教学能力的持续改进和学生学习收获的有效提升。

第三，实现大数据联动和交叉分析。目前多种线上教学工具与平台已能完整记录教师授课、学生学习、师生互动的过程，并对教学关键行为进行捕捉和分析，但相关教学数据对教学评价支撑度不足。高校应扩充信息化技术，建立以网络平台海量教学相关数据和教学质量评价结果等为主要内容的大数据资源库，并对数据进行统计分析和深度挖掘，归纳隐藏在数据背后的教育教学规律，从中提取解决现有教学过程问题的方法，从而为教学管理和领导决策提供服务。

第四，管理模块保证延展性。平台不仅要保证教师、学生等教学参与者的快捷进入，也应设置管理和督导评价入口，简化线上督导流程，为教学评价提供保障。

二、优化督导管理，完善专业科学的督导队伍

科学全面的管理制度是做好工作的前提，专业强劲的队伍是做好工作的关键。为做好

线上线下的混合式教学督导工作，促进教学督导科学评价，保障教学质量，必须健全教学督导管理制度，努力打造一支有责任有担当有能力的督导队伍。

第一，建立健全督导管理规章制度，着力保证督导工作管理规范化。为了适应教育信息化的发展，充分发挥"督"与"导"的作用，高等学校须明确教学督导功能定位，细化督导工作职责、工作范围、评价标准和督导频次，建立督导反馈闭环机制，确保督导结果运用于教学质量持续改进过程。

第二，优化督导队伍结构，着力培育高素质督导队伍。督导队伍作为教学督导运行主体，直接影响着督导的有效性。因此，教学督导队伍建设须适应高等教育教学发展的新模式、新思维、新要求。首先，加强督导队伍多元化建设。从道德品质、学科类别、教学经验、任教时间、管理水平等多重因素出发，优化督导队伍结构，提高教学督导队伍整体水平，确保督导工作的高效能。其次，加强督导队伍专业素质建设。建立督导学习提升机制，实现督导学习研讨、交流培训常态化。一方面加强新时代教学模式及教学方法培训，更新督导理念，提升督导水平，保障教学督导评价的科学性和公平性；另一方面加强现代科学技术运用培训，如网络系统操作与应用、数据分析等，切实提高督导工作效率。

总而言之，本科教学督导作为教学质量的重要抓手，应该主动优化升级，适应变革，引领教学质量保障潮流，保证本科教学质量的稳步提升。

第六章 信息化时代下高校混合式教学创新实践

第一节 "互联网+"教育时代的混合式教学

一、"互联网+"教育时代的混合学习模式认知

"21世纪是教育信息化时代,在教育教学过程中引入信息技术手段,能够有效提高课堂整体教学效果"[①]。信息时代不但拓宽了获取知识和信息的渠道,也保证了信息的即时性和新鲜性。在教育领域,借用现代化信息技术,丰富课堂容量,活跃课堂气氛,提高教学质量,已经屡见不鲜。依托于互联网的快速发展和普及,互联网与教育结合衍生出的线上学习已广受欢迎,移动学习可以充分利用学生的碎片化时间,进行高效率的知识传输,使学习不再局限于课堂,提高学生学习自主性,因此"互联网+"混合教学模式已进入了学校课堂。

(一)"互联网+"教育时代混合式学习的落实措施

第一,加强软件硬件设施,保障混合式教学顺利落实。一项新教学政策的落实,离不开基础设施的支持。"互联网+"教学模式的落实,需要教师具备一定的信息技术能力,学校也应提供教学资源丰富的网络教学平台,做好后勤保障工作,搭建稳定的线上教学设施。不能因为网络不给力、教学资源匮乏等原因削弱学生的学习积极性,降低教学模式的实施质量。

第二,丰富网上教学资源,激发学生学习热情。教师可以通过制作精美的多媒体课件或者录制教学视频上传至教学平台,帮助学生在课后对所学知识进行复习,以此来吸引学生注意力,提高学生的学习热情,帮助学生更快更好地理解知识点。

(二)"互联网+"教育时代混合式学习的活动开展

为了有效地解决教学双方时空难分离的矛盾焦点,提升线上教学平台的使用效率与效

---

① 温玉卓. 基于"互联网+教育"背景下高校混合式教学模式构建研究 [J]. 大众科技, 2019, 21 (1): 84.

果，丰富在线教育课程资源建设的数量，提高在线教育课程资源建设的质量，强化教育教学的过程质量，督促教、管、学三方行为的有效发生，切实保证教育教学质量，培养符合地方经济社会发展的有用人才。

以中开课程和省开课程的考核改革为突破口，通过改革优化过程管理控制思想，本着边实践、边总结、边提升的工作思路与方法，先后通过课程学习与考核改革，实时导学组织与实施，非实时导学策略运用，线上与线下混合教学模式的实践，在线教学平台改造，网上学、教、管、评信息公开，引入网上教学观察员制度、评选我心目中的"好老师"等措施，丰富了在线教学平台的网上教学活动，营造了良好的网上教学文化氛围，初步形成独具特色的开展网上教学活动的线上与线下相融合的混合教学模式。

1. 构建网上"教管学"的长效机制

网上教学及管理工作既是一种常态，又是一种创新，其运行质量在很大程度上依赖于教学长效机制是否建立和健全。长效机制的构建源自清晰的教学及其管理战略构架和其在不同年度（学期）策略的实施。

（1）教学理念。网上教学是各个院校教学的重要组成部分，也是教师教学工作的重要内容。基于教学平台的网上教学应该是学生、教师、各级教学管理者之间的有效切合。通过共同构建知识，共同营造、优化网上教学环境，实现内容呈现、媒体载入、互动有效、管理促进等必要因素互动。

（2）战略思考。

第一，实现网上教学战略的组织点。作为统筹全校教学工作的教务处，对影响和决定教学质量和教学实施效果的因素（包括教学环境、组织形式、具体实现条件和学科特点）进行深入分析，提出网上教学与管理的总体思路、战略构架和战术策略，让全体从事教学及管理的各级各类人员在思想和认识上有一个清晰的定位。

第二，实现网上教学战略的切入点。从教学过程相关环节入手，先易后难，寻找突破领域，从数量到质量、从自由散漫到规范运作，逐步净化教学环境，实现提高教学质量的目标。基础工作是狠抓常规教学，重点开展各类资源建设与运用，推出教学创新项目做引领，在网上学与教信息公开的环境中，对教学创优争先进行奖励，构建提高教学质量的长效机制。

第三，实现网上教学战略的突破。学生和办学单位在办学和学习过程中，其关注兴奋点是如何考试。经过多年的改革，通过寻找省校、办学单位、学生的兴奋点，将学习行为由关注和重视终端向关注和重视过程转变。

在设计上，本着由终端改革倒逼前端和中端的改革思路，选择省开课程进行试点，从科学选择考试形式和手段、促进网上学习行为发生、参考学生学习表现等环节入手，将课程成绩分解至相关环节，进而营造适合网络教学的环境。通过课程考核改革，倒逼学生网上学习行为的发生，再通过网上学习行为的发生倒逼网上资源建设的力度、网上导学的组织及其他学习支持服务的落实。

（3）战术选择。在符合战略考虑的前提下，不同年度或学期所采用的教学战术策略及重心相对有所不同。省开课程学习与考核改革的核心是强调学习与考核的过程化。对于资源丰富、师资力量相对较强的课程实行在线学习评价、在线考试评价、操行评价等复合考评；对于资源相对丰富或师资力量相对不强的课程实行将期末纸质考试变革为网络在线考试。

（4）长效机制。教务处应认真研究学生、教师、各级教学管理部门与在线教学平台之间的有效切合，不断固化、强化、活化、深化网上教学活动，跟踪、监控、公开、分析网上教学行为，通过引领、复制、推广、奖励网上教学创新成果等制度，建立网上教学活动长效机制，提升网上教学的质量与效果，推进网上教学向纵深发展。

2. 活化网上实时与非实时交互教学

基于网上导学的实时和非实时两个视角，从回帖、教学策略、整理公布、核心团队建设、落实、监控等方面对实时导学的过程进行分解和细化，在落实中保证质量；从构建校部、办学单位、学生之间的联动机制，延伸讨论的广度与深度，丰富和创新在线讨论的形式，应用教学策略等措施规范非实时导学的相关环节，提高参与率，在创新中提高质量。

（1）分解并细化非实时导学的工作阶段。网上非实时导学的过程管理的绩效主要是从回帖、教学策略、整理公布、核心团队建设、落实和监控等方面进行评价。

第一，回帖。通常意义上，网络环境中的师生交互成功与否，很大程度上取决于教师是否及时回复学生的帖子。教师回复学生帖子的时间和回复质量，对学生的心理、接受网络的程度都会产生较大的影响。及时处理回帖，会使学生逐步养成网络学习的习惯，乐意与老师进行交流，从而培养论坛人气，形成师生交互的良性循环。

第二，网上教学的有效性应以科学、合理的实施程序和灵活、恰当的策略为保证。一是积极探索网上教学内容、教学交互形式与教学策略的最佳匹配，实现每一具体教学目标的最佳交互形式与途径，以及保证每一次网上交互有效地组织与管理。二是应用一定的教学策略激励学生发帖，引导学生讨论。例如，通过致学习者的一封信来营造开课氛围；每月按课程教学进度在"课程讨论区"内提出结合课程教学内容的重点、难点问题或综合案例的讨论题；还可通过提前将课程讨论主题和安排置顶或设置成精华帖的方式来引导学生交流。

第三，公布。责任教师每月定期整理课程论坛或建立课程学习问题库文本，予以公布且便于查找。

第四，团队。网络课堂中教师不一定是讨论活动唯一的组织者和引导者，在这种自主学习的环境下，讨论过程的发展态势更多是与参与者的回帖息息相关的。对于课程学习者人数较多，学生提问比较多的课程，有针对性地组建课程答疑团队（教师团队和学生团队），鼓励学员之间的交流和互动，活跃学员（核心学员）的参与（引导和激励）。探索建立学生答疑团队，充分发挥活跃学员或核心学生的参与度，构建学习共同体。采取有效措施倡导、引导、鼓励学生之间的交流，促进他们相互解答问题。首先，教师将一些简单且易于回复的问题留待学生去回答，教师回复难度较高的问题；其次，组建核心学生团队，开展"学生之间"的交流与互动，形成一种无形的但学生看得见的答疑团队，在教学过程中逐步形成学生间的学习共同体。

第五，落实。教师寻找学生的兴趣点、兴奋点及热点话题，利用课程论坛空间主动引导和开展网上学与教互动活动。部分课程教师利用此空间上传学生喜闻乐见的各种辅助性学习材料、课程形成性考核和评析、各种社会考试的评析材料、如何借助论坛开展学习交流的方法等主题帖，为学生提供支持服务。

第六，监控。首先，教务处定期对课程论坛的运行情况进行监控，主要指标包括论坛名称、帖子总数、主题帖数、回复帖数、精华帖数、置顶帖数、发帖用户数、一周新帖数、回复率、人均发帖数、新帖率；其次，系统自动提供回复为零的帖子清单，为教学管理部门的专业课程教师提供参考。

（2）规范并落实网上实时导学的环节。

第一，组织联动。为了确保网上实时教学活动的有效实施，在教务处的统筹下，正确处理教务处、教学部、办学单位、学生等四个方面的关系，从组织上形成教学管理团队，从管理上形成科学的联动机制，为后续建设网上教学管理联动团队奠定基础。

首先，教务处——统筹规划、运行监控。一是规划学期对话讨论的总场次和审核讨论主题，平衡讨论课程的专业分布、课程类型分布及时间分布。二是协调将讨论安排在网上发布，并印发文件。三是指导和协助办学单位选择讨论场次，督促办学单位组织学生参加讨论。四是对讨论的运行情况进行监控，定期公布。在讨论总场次规划上规定：以教学部为单位，每学期每位教师讨论场次至少 10 场次；核心课程、公共基础、课改课程的实时对话讨论原则上不低于 2 场次；其他课程不低于 1 场次。预计总场次 300 场次。在讨论类型上，各教学部必须实施不低于 3 场次的网上双向视频讨论。

其次，教学部——设计主题、教师参加。一是提出讨论具体安排；二是教师积极准备讨论材料；三是参加讨论并解答学生问题；四是总结讨论，形成资源并及时发布到网上；五是评估讨论质量，提出改进方案。

再次，办学单位——组织学生、选择参加。一是选择参加的场次报教务处备案；二是按选定场次组织学生参加讨论;三是将网上讨论的情况作为学生形成性考核成绩的重要组成部分和办学单位网上教学管理与组织的重要内容;四是提出改进建议,作为评选优秀教学组织的条件之一。

最后,学生——积极参加、完成学业。通过要求学生参加教学互动,促进学生主动学习、互助学习和利用网络学习与交流的能力,力图借此构建团队学习的优良品质。

第二,任务落实。每学期第二周内以教学部为单位完成网上实时导学的安排,并提交教务处,教务处将审查合格的安排全部发布到网上,提前五天时间滚动显现,方便学生从主页直通。同时,以学校名义将实时导学安排印发成文件。办学单位根据实时导学安排,结合专业和课程选定参加场次并报教务处备案,组织一定数量的学生按时参加讨论。

第三,过程监控。过程监控主要是从事前、事中、事后三个环节对网上实时导学进行过程性监控。

事前的导学安排监控。教务处从导学课程在专业中的分布,导学主题是否与课程和实际相结合,导学时间在学期内的月度分布、周度分布及时间段分布等进行审查。

事中的导学实施现场监控。教务处指定专人或聘请观察员随机进入导学现场,跟踪导学实施情况。

事后的导学统计监控。通过平台自动统计和人工统计两个途径。

3. 独创互联网的"1+6"课程教学

为了有效地提升学生使用现代远程教育技术手段进行远程学习的能力,解决学生学习的时空矛盾,提出基于线上线下相融合的课堂教学与考核的"1+6"模型。在"互联网+"教育背景下构建"以学生为中心"的课程教学"1+6"模型,1代表"学生为中心"的内核,6代表"教育观念""教学模式""教学设计""教师工作""信息挖掘""管理监控"的外延。其逻辑关系为:通过技术手段进行师生教学数据挖掘,通过管理监控手段促进教师围绕教学模式开展教学设计和教师工作,继而达到"以学生为中心"的"时时可学、处处能学、人人皆学"教育观念,切实达到教育教学的培养目标。

在"1+6"课程教学模型之中,外延的重心在于"教学模式",在大量的教学实践上,建构"线上与线下相融合的课程教学模式",线上教学即"网络学习+自选资源+互动答疑+作业测评",线下教学即"自主学习+面授教学+小组学习+实践教学",其逻辑关系为:线上学习是线下学习的基础,线下学习是线上学习的拓展,线上与线下相互联系,互为促进,通过面授课堂、网络课堂、实践课堂、网络考核等教学手段的互为补充,通过"教学管、测、评一体化"来切实保证教育教学质量,全面锻造符合地方经济和社会发展的有用人才。

4. 跟踪和公开网上教学的相关数据

在远程开放教学中，对网上教学质量及成效进行跟踪与监控，若发现问题则及时反馈和解决，这是实现网上有效教学的重要保证。基于网上学习环境和教学的建设，可以从教师教学数据、办学单位教学数据和课程论坛的监控与分析三方面，跟踪、监控和客观评价网上导学的成效，提升网上教学的有效性。

（1）教师教学数据。教师教学数据主要公开每位教师的在线时间、登录次数、网上资源上载数量、教师发帖与回帖、论坛回复率、网上实时导学场次等的动态数据。为进一步分析教师的网上教学详细情况，还对在线时间、上载资源和论坛交流等指标按月和周进行统计。

（2）办学单位教学数据。一是通过"上网学生数及其与在籍学生数的比例"反映办学单位组织、引导、督促学生上网学习的情况。该指标是对办学单位组织、引导、督促学生网上学习情况进行后续分析的前提。二是通过"学生登录次数及其与上网学生数的倍数"反映学生在网上点击资源和发帖交流的情况。该指标是评估办学单位组织和实施网上学习的重要指标。三是通过"学生登录的时间段分析"反映学生网上学习的进度和网上学习是否均衡。该指标说明办学单位在这项工作上投入时间和精力的情况。四是通过"新登录人数与总登录人数占比"指标，以当月登录人数和登录次数分别占全年登录人数和登录次数的比例，而言明学生网上学习的持久性和稳定性。五是"学生在线时间长度"，这项数据须由办学单位根据学生在教学平台和课程平台的学习情况统计，说明学生参加网上学习的深度。

（3）课程论坛的监控与分析。第一，平台自动提供指标。由平台自动提供发帖用户数、帖子总数、主题帖数、回复帖数、最近一周发帖数、置顶帖数、精华帖数等指标；第二，统计分析。可以从课程讨论的活跃度和持久性两个方面分析和评价课程讨论的质量。

5. 实行网上教学第三方观察员制度

（1）实行观察员制度的原因。为加强网上教学的力度，提高其透明度，将普通高校网络教育学院践行的教学观察制度引入网上教学过程，即聘请网上教学观察员（教师身份和学生身份），对基于在线教育平台开展的网上教学从多视角、多环节进行观察，从中发现成绩和问题，提出整改建议，为学校领导和教学管理部门提供网上学、教、管的第一手资料。设置学生观察员，这是提升同学收集能力、归纳能力、研判能力的机会，更可以借此提高专业和课程水平。设置教师观察员，互相学习和借鉴，提高自己的业务能力。

（2）观察领域和内容。对在线教育平台进行观察，包括：在线教育平台界面的登录与停留是否顺畅，网上教学信息公告的时间是否及时，专业规则与教学计划衔接是否一致，课程平台栏目与资源更新在内容和时间上是否符合要求，学生浏览和点击资源的数量与时间是否符合教学要求，学生在论坛发帖交流在内容和时间上是否符合要求，教师在课程论坛的回复率和回复质量是否符合要求，课程实时导学在计划、实施、总结上是否符合要求，网上学习支持在服务教学和管理上是否到位等。

（3）观察方式。观察员以网上教学观察员特别账号登录平台实施定期和不定期的观察。为了有效监控观察员，加强对观察员的跟踪，确保其有效性，后台每天跟踪观察员的工作轨迹，特别是其在网上论坛的发言情况。

6. 大力推进省开课学习与考核改革

（1）大力推进省开课程考核改革，促进网上资源的建设与运用。网络技术已经渗透到社会的每个领域，教育更是如此，考虑到成人、业余、开放之特点，将学习者、网络、学习评价这三个元素有机和有效结合，才会使学习更加实用和有趣。

（2）加大网上资源建设和应用的力度，实现资源与课程改革的融合。通过加大对省开课程考核改革的力度，学生利用网络平台开展学习的热情和行为较之以前有实质性的变化，但在线平台的教学资源（特别是省开课程的资源）与之不适应。一是从省开课程入手，以考核改革课为突破口，从政策和管理着力点上引导教师把管理课程的结构从必修课适当转向省开课；二是对不同结构的课程在资源建设与运用上采用不同的策略。

二、"互联网+"教育时代的混合教学体系建构

（一）构建"互联网+"教育时代混合式学习的内容

第一，构建基于"互联网+"平台的混合式教学环境。混合式教学模式的实施离不开一个健全的"互联网+"教学环境的支撑。"互联网+"教学环境通常由教学情境、工具、资源和架构组织四个必要因素而构成，需要对学习资源、学习方式、学习工具的选择做一个把控，为学生学习提供一个个性化、协作型的教学环境，促进线上线下混合教学模式的落实。

第二，构建处于"互联网+"环境下的自主学习模式。线上学习为学生的自主学习提供了便利，具体表现为：课前为学生提供教学资源视频进行知识点预习，总结出疑难点；课中可以更有针对性地进行听讲；课后，通过线上练习，及时发现不足，对不懂的地方可以进行反复观看，有利于知识理解。让学生自主完成学习流程，将知识点弄懂。让学生的学习状态完成由被动到主动、由主动到自主、由自主到能动的转变，提高学生学习自主性。

第三，架构基于"互联网+"平台的混合教学模式。传统教学主要聚焦于课上答疑教

学，对课前和课后的掌控力不足，不能充分利用。而线上线下混合教学则完成了课前、课上、课后的一体化学习。利用信息技术，实现实时互动教学，注重学生思维培养，使学生终身受益。

（二）构建"互联网+"教育时代混合式学习的阶段

混合式教学模式的建构以建构主义理论、掌握学习理论、临场感理论等为指导，突破原有教与学的单一关系而形成了一种相互关联的优化状态。混合式教学模式可以分为四个阶段：课前准备阶段、课堂面授阶段、课后巩固提升阶段和综合测评阶段，下面以《道路勘测设计》课程在超星平台教授为例，具体进行探讨：

1. 课前准备阶段

课前准备阶段是教与学的初始阶段，是围绕具体问题而展开的实践探究活动。根据本课程的特点和教学目标，通过一个完整具体的某段公路路线设计项目，把选线与定线、平面设计、纵断面设计和横断面设计等各部分教学内容串联起来，涵盖几乎所有需要掌握的知识点，达到学生能力培养要求，实现理论和实践的紧密结合。在超星教学平台上上传课程基础知识资源，如课程标准、单元教学设计、课程PPT、教学微视频等；拓展性知识资源，如在线测试习题、动画、图片库、参考教材等；课外延伸资源，如工程案例、规范、仿真视频等。这体现了在线资源的多样性和多维性，是学生能否坚持完成学习任务的前提和混合式教学模式实施的关键。

教师制作的微视频是学生课前自主学习的主要资源，其制作要内容明确，符合学生认知规律，选择简洁具体、短小精悍的重难点，把一个知识体系拆成若干个知识点，即碎片化。围绕选题，按照任务有层次地展开，每节视频的时长控制在8~10分钟。例如，在教授"圆曲线半径选用"这个知识点时，首先运用举例法，通过现实中车辆在弯道行驶发生的事故短视频切入主题，分析车辆在弯道上行驶的受力情况，给出圆曲线最小半径的公式。讨论圆曲线最小半径的应用并通过工程实例具体展示，最后总结引申新的内容。

面授前，由任课教师根据调查，从学生的能力水平、学生关系和性格等方面进行分组，使各小组实力尽力均衡，这样有利于学生积极参与和互助交流，引导学生由被动学习变为主动学习。教师按照课程内容和难易程度制定学习任务单，通过超星平台发布自主学习任务单并设置完成时间节点。任务单的内容要符合学生现有的知识水平和认知能力，主要包括：知识点重点和难点、课前任务自测和疑难点及建议。

小组学生根据任务单上布置的任务确立小组分工，利用各种移动设备如手机、笔记本电脑、平板电脑进入超星平台，自主规划学习课程资料，在规定时间内完成课前测试，并可以将疑难点提交到超星平台上进行分享讨论并交流学习经验、分享学习成果等。教师可以针对性地对共性问题答疑解惑，促进学生之间、师生之间的互动，建立良好的交互渠道。在学生的自主学习过程中，教师可通过平台追踪每位学习者的学习进度、学习频率，对学习滞后者给予及时反馈、督促通知。教师通过分析平台学生网上学习时间、视频观看时间及交流情况，对学生学习过程给予评价，通过课前任务完成情况，了解学生尚未掌握的疑难点，在面授环节重点讲解。

2. 课堂面授阶段

学生已经通过超星平台完成了在线学习，因此，课堂面授的关注重点从教师是否完成知识点的传授转移到学生是否掌握知识点并灵活运用，课程设计将主要围绕存在问题、目标、要点进行。

教师在课堂上针对学生线下学习的疑难点进行课堂解析并在深度和广度上进一步延伸，同时考虑学生的认知水平，体现出教学针对性和因材施教的教学理念。由于道桥专业班级人数不超过50人，有利于以任务和项目为驱动的小组展开合作学习，便于教师主要针对课程难点和实践环节指导，如此便可让学生进行实践展示和小组汇报，教师进行点评。具体流程为知识点解析—提出问题—小组团队协作—师生互动—总结—拓展—在线测试—任务布置。为检查课前学习情况，对基础知识回顾强化，上课前教师可以通过知识竞赛或闯关练习的方法来检测学生掌握情况。可以按照课程知识点顺序，以基础知识为主，由易到难进行设计。为更好地对课程知识进行系统化总结，教师可对复杂知识点进行精讲总结，而普通知识点就可交由学生总结。为培养学生解决工程实际问题的能力，加深对知识的理解，可以通过小组讨论、协作探究的方式对实际工程中的难点进行讨论。另外，可设置一些较高难度的问题进行拓展练习，培养其探究学习能力。例如，在进行竖曲线设计标高计算这个环节时，可按照以下四个阶段来进行教学：

阶段一，以418省道文昌路西延西互通至规划S307段为案例导入，该项目上跨宁启铁路和友谊河，竖曲线设计时应满足净空要求。

阶段二，按照提出问题、分析问题和解决问题三个环节，层层递进地进行教学。①提出问题。由案例导入提出竖曲线设计的三个问题，包括：竖曲线设计必要因素有哪些；竖曲线设计标高如何确定；竖曲线设计要点有哪些。②分析问题。分析问题一，通过已有施工图和设计图纸给学生以直观印象，让学生熟悉纵断面设计线中竖曲线的必要因素；分析问题二，通过微课和多媒体课件及板书讲解，使学生掌握整个竖曲线任意桩号设计标高的计算过程。学习DICAD公路设计软件，进行纵断面设计，得到竖曲线必要因素表和各桩号设计标高；分析问题三，为评价立体线性的优劣，结合已完成的平面设计，可以建立三维模型进行路线效果仿真。③解决问题。选择难度适中的工程，以大新公路为例，选取其中某一段进行纵断面设计。首先，进行分组设计。综合考虑学生的能力水平、关系和性格等方面来进行分组，使各小组实力均衡。各组进行文献搜集和方案制订并讨论确定设计指标，以便锻炼学生的团队合作互动能力和研究探索能力。其次，按照所学软件设计知识进行设计，并与手工绘制计算进行对比，锻炼学生的软件操作能力。最后，汇报评价环节。学生对设计进行分组汇报，总结设计过程中的收获与体会。通过展示与共享，可以实现知识的扩展，也可以锻炼学生的综合表达能力。教师组织学生对设计成果进行组内和组间交互评价，并对学生表现、设计的规范性和创新性及设计过程中的问题进行总结点评。在整个过程中，教师进行详细指导，学生独立完成自己负责的分段路线设计。

阶段三，通过超星学习通的抢答、选人、测试等环节，随时检测学生掌握理论知识情况，充分调动学生的学习热情和积极性，提高学生课堂参与度。教师对课堂测试报告进行分析，对薄弱环节进行深入讲解。

阶段四，教师进行知识点小结，发布课后作业，可以让积分值高的学生分享学习经验。

3. 课后巩固提升阶段

作为实践性很强的专业课，课后的实践和交流是《道路勘测设计》课程中十分关键的环节，展现出混合式教学模式优势的一面。教师在超星平台上搭建作业库和习题库，布置作业，让学生把所学知识付诸实践。学生通过平台及时提交作业或测试，教师实时批改，以掌握学生普遍存在的问题，并结合这些问题在平台上与学生进行沟通，最后进行课堂总结和反思，以便下次见面课能调整出更加适合学生学习能力的教学计划。这种方式能够缩小师生的距离，增强学生对教师的信赖和感情，提高教学效果。

教师可以就重难点等知识或与课程相关的、结合工程实践的知识拓展方面，与学生在讨论区互相讨论交流，并实时点评讨论，以巩固学生对知识的掌握。另外，教师和学生可以通过学习平台点对点地进行文字、语音或视频交流，利于教师帮助对知识理解不透彻的学生，给予其更详细的辅导，也方便更优秀的同学进行知识层次的提升。

教师在超星平台资料库中上传与道路勘测设计课程相关的最新规范和工程实例，方便学有余力的优秀学生自主学习，满足学生自主探究以及个性化学习的需求，拓展了学生的知识面，对培养学生走上工作岗位、解决工程实际问题的能力具有重要影响，并对培养学生在入职时就具备强烈的工匠意识、优秀的工匠品质、良好的工匠习惯具有关键作用。

在整个学习过程中，教师针对学生的表现要给予实时的引领并建立相应的奖励机制，学生每次提交的作业、有效的留言或抢答问题，教师都应在学习平台上给其相应的积分，并汇总到最后综合测评中，通过这种方式能充分调动学生的积极性和师生的互动性。课程的整体设计、组织、实施环节过程，不仅能提高学生兴趣和创新思维能力，也将持续提升教师的综合能力。

4. 综合测评阶段

基于超星学习平台的混合教学模式拓展了学习过程，丰富了学习形式，混合了学习环境，为评定课程成绩提供了更为全面的标准。本课程以知识目标和能力培养为核心，以多元考核评价为原则，采用过程考核、能力考核和理论考核于一体的考核模式。展开而言，利用在线开放课程进行过程考核，通过在线课程作业、随堂测试的成绩、互动讨论、签到等环节实现了在线学习的评价，并督促学生完成课前、课堂、课后整个学习任务，丰富了衡量学生知识水平和素养的评定标准，实现了全方位、多维度的过程性考核；能力考核主要考核线下课堂参与活跃程度，小组协作完成设计内容过程中计算的准确性、设计的规范性及成果的展示能力等，是对实现实践运用和创新能力的考核。利用期末闭卷测试成绩的评定实现基础考核，反映学生对整门课程理论知识的综合掌握情况。透过这种多元化的评价方法可以全面客观地评价学生表现，也为混合教学模式的改进、教学效果的提高及教学活动的反思提供了依据。

三、"互联网+"教育时代下的混合教学系统设计实践

（一）"互联网+"教育时代下的体育混合教学设计

高校体育教育所具备的教育功能、育人价值，一直是教育界研究的重点问题。于高校而言，优化体育教学，促进体育教学改革，提升体育教育质量，是一项重要的教育任务。"互联网+"背景下，高校体育教学有了更多的选择模式，如混合学习模式，对此，高校须认识到"互联网+"教育的内涵和意义。

1. 基于"互联网+"教育时代下的体育混合学习模式

高校体育混合学习模式，是线上和线下的混合，也是课内第一课堂和课外第二课堂的混合，为了详尽阐述，本书将从课前、课堂、课后三个维度阐述"混合学习模式"教育。

（1）课前——引用标准体育动作视频，引导学生课前预习。

第一，在"互联网+"背景下，有大量使用视频动画教学资源来代替教师的课堂演示，教师可以在相关动画视频教学资源网站上下载教学课件，或者利用手机、相机等摄像设施拍摄动作演示视频，并根据实际情况对教学课件进行整理、修改等，力争创造出最合适的教学课件，让高校体育教学更加科学合理。一个体育知识点的教学课件时长最好在10分钟左右，因为10分钟是学生学习思维最为活跃的时间段，超出10分钟，学生的学习兴趣会随之消减，学习效果也会慢慢变差，10分钟的时间开展课前学习，也不会让学生太过抵触。

第二，混合学习模式的特点之一在于它能拓展学生的课堂课外时间，调整教学结构，将线上和线下混合在一起，将课内第一课堂和课外第二课堂混合在一起。教师在制作好动画视频教学课件后，可以上传到慕课等线上教学平台，甚至微信群中去，将动画视频教学课件推送给学生，让学生自行下载观看，也可以发布教学指令，让学生自行在网络上搜索体育教学资源，并自行学习，可根据实际情况而定。课前的学习让学生对本堂课所要学习的体育知识内容有初步理解，会减少课堂教学的压力。课堂教学中教师应少讲解理论知识，直接引导学生展开自主训练。

（2）课中——合理运用大屏幕，边看边学。

第一，播放体育动作内容。教师在体育课堂教学中应利用好操场大屏幕，直观清晰地放映体育动作，引导学生规范化、标准化地进行体育训练，体育教学效果会更好。例如，体育课程开展军体拳演练，教师可在操场大屏幕上放映军体拳动作，通过更直观、更清晰的视频展示，让学生对军体拳动作深入了解并精准掌握。

第二，让学生思考理解。在让学生掌握一项体育项目时，教师也要传输渗透一些与体育价值观相关的教学内容，此时就需要学生独立思考，充分理解。为了能够让学生更加深入地思考，教师可以布置一些教学问题来引导学生，让学生围绕问题或任务展开探索，学生可分享自己的理解，也可提出困惑，如此也能够进一步加强学生的理解和解决困惑的能力。例如，体育课程展开"篮球训练"，给学生播放篮球挡拆技术的"一挡二背三拆"，"背"的技术动作是在挡的动作完成之后，为了让掩护更有力度，创造更大的进攻空间，掩护者不应立刻做出后续拆分动作，而应做出"背"的技术动作，调整脚步面朝篮筐，将防守者卡在身后。这一动作非常容易被学生遗忘，教师可提出问题，让学生认识到"背"动作的重要性，学生就能更好地理解及应用。

第三，体育项目是非常注重实践的课程，学生只有通过实践才能融会贯通、熟练掌握这一活动项目。学生实践活动中会出现各种各样的问题，只有不断解决问题，才能不断提升学生的实际竞技能力。在一定程度上，学生进行体育锻炼的同时，教师可以在操场大屏幕上不断播放标准体育动作，为学生指点，这样学生的动作就会越来越标准。

（3）课后——课后积极拓展，针对性训练。课后阶段是学生复习、巩固的阶段，高校体育教师可以根据实际情况给学生布置一定的作业，让学生在做中学，在做中提高。教师可以借助数字化教学课件的力量，让学生一边观看一边做动作，展开深入探索。基于"互联网+"教育，学生也可以和教师建立良好联系，学生有任何困惑可以及时询问教师，教师也应及时解决，避免问题堆积，或是课外线下组织教学活动，约两场球、组织一场竞赛活动等，都是可行的方式。

2. 基于"互联网+"教育时代下的体育混合教学策略

（1）改变教学思维。高校体育课程规划一般较为宽松，虽然教学任务量不大，但应精益求精，巧用"互联网+"思维，将课堂和课外的时间统筹规划起来，在课前推送数字化课件，让学生跟着数字化教学资源提早预习。这样课堂上的进展才会更顺利，课后又能良好复习。让课内和课外混合，线上和线下混合，如此才有助于提升课堂教学的有效性。

如果想要改变教学思维，学校须严肃对待，将混合教学模式应用当作大事要事来办，要求体育教师出方案、出计划、出决策，落实"互联网+"教育战略决策，并做好考核工作，设定相应的奖惩措施。而对于教师而言，则要认识到"互联网+"背景以及混合教学模式的意义，积极改变教学思维，拓展应用混合教学模式，多加尝试，推动先进教法落地。

（2）注重教师培训。只有优秀的教师才能培育出优秀的学生，才能贯彻落实混合学习模式。因此学校需要对教师进行培训，培训关于"互联网+"教育以及混合学习模式的应用策略，提升教师开展混合式教学的能力。同时可展开多元教研活动，教研活动作为教师又一个提升自身发展的机会意义重大。学校可选择混合教学方法课题，让体育教师之间积极探索，做到统一管理，统筹规划，相互之间分享教学经验，以提升教师的教学能力，促进专业发展。

（3）设置模块化平台。设置模块化的体育课程学习平台后，教师就可以上传体育教育的多类型视频，如燃脂视频、花样跳绳视频、上肢体能训练视频等，同时还可以撰写体育标准文章，收录教学资源，让"互联网+"教育更加有效。教师可以在该资源平台上共享教学资源，也可以引导学生自行查阅学习，提升对体育课程的理解，拓宽锻炼和体育的学习途径，促进学生提高体育学习的积极性和主动性。

（二）基于"互联网+"教育时代下的英语混合教学设计

"互联网+"环境下，通过混合式教学模式，能够有效提高高校英语教学效率，营造良好的教学环境，全面提升高校英语教学水平。开展"互联网+"环境下高校英语混合式教学模式研究具有非常重要的意义，通过建立全新的混合式教学模式，能够提升高校英语教学质量，更好地指导高校英语教学工作的开展。

混合式教学模式有效整合了互联网技术和传统教学方式，弥补了传统英语教学模式的不足，使教学模式呈现出多元化的特点。从本质上看，混合式教学模式是通过对在线教学与传统教学的优势进行整合，并采用线上和线下相结合的方式来落实教学工作的。这不仅能够提高教学质量，还可使教学工作的开展更加便利。通过混合式教学模式，教师能够起到积极引导和监控的作用，可以不断启发学生，给予学生指导。同时高校生的主体地位也越发重要，其自主学习能力得到了锻炼。

通过有效融合微课、微信以及教学辅助软件，英语教师将翻转课堂理念融入教学，使学生可以基于网络平台开展自主学习活动，打破传统课堂在时间、空间上的约束，与传统英语课堂形成有效互补，提高了英语的教学水平和教学效率。传统教学模式与互联网技术整合不仅是时代发展的要求，也是深化英语教学改革的必然需求。在此背景下构建起的混合式教学模式，对英语教学方式、形式进行了有效创新，使英语教学资源更加丰富、教学手段更加多样，使学生能够更加高效地学习英语知识、提升学习能力及英语水平。

对高校而言，通过混合式教学模式可以构建起高效的英语课堂，显著提升教学效率。"互联网+"环境下，面对全新的教学环境和趋势，如何利用信息技术开展教学、探索更加高效的英语教学模式，对高校而言尤为重要。开展英语教学活动时，利用多样的教学方式和手段，借助全新的信息化教学模式，将极大地促进高校英语教学的信息化发展进程，推动英语教学可持续发展。对高校英语教师而言，在"互联网+"环境下，通过采用混合式教学模式，可以有效转变教师的教学理念，增强创新意识，提升综合教学能力，有利于掌握不同的教学方式和手段，更好地促进信息化教学；对高校生而言，信息技术的不断发展和更新，使英语学习环境发生了很大的改变，越来越多的教育方式已然应用到英语教学过程中，如手机课堂、微课、翻转课堂等。学习渠道愈加丰富，使学生能够结合自身需求更加便利地开展学习，有助于其提高自主学习能力，激发其学习积极性，从被动学习转变为主动获取知识。同时，在高校英语教学中采用混合式教学模式，也便于教师进一步挖掘和运用英语教学资源，深入分析国外文化知识，使教学内容更加充实和丰富，进一步开阔学生的视野，增强学生的综合能力。

综上所述，"互联网+"环境下英语混合教学设计的策略具体如下：

1. 将传统课堂以及翻转课堂整合

开展英语教学时，在应用混合式教学模式的过程中，可以基于传统课堂教学，有效融入翻转课堂，对基础性的教学内容进行前置、翻转，让学生提前利用网络视频了解所要学习的知识，使其在教师后续的指导下更好地学习英语。在"互联网+"环境下，英语教师可以根据专业差异，在掌握学生英语学习需求的前提下，优化设计微课教学环节，落实个性化教学，使不同学生的英语学习需求都得到充分满足。通过混合式教学模式，教师可以向网络学习平台上传相关的学习资源、学习任务及学习目标，使学生提前了解课程大致内容，按照教师的指引完成英语学习任务。学生能够结合自身的实际状况，合理安排时间观看微课视频、学习文档，做好预习准备，提升英语自主学习能力。在实践教学工作中，教师和学生能够开展线上沟通和交流，及时解决遇到的问题。教师也可利用网络平台，实时监督和引导学生学习。

在英语的实际教学过程中，教师可以结合微课视频中预习的知识，设置专项课题，组织讨论、交流活动，使学生在课堂讨论过程中能够彼此学习、答疑解惑，更好地学习和掌握英语知识。教师应将传统课堂教学、基于微课的翻转课堂进行有机整合，发挥好引导者的作用，确立学生为英语课堂的主体，保证学生学习方向的正确性，解决学生在学习过程中遇到的疑惑。教师可以将学生划分为不同小组，开展分组学习，让学生以小组为单位在课堂中集体展示学习成果，以便增强学生的综合英语能力。课后教师还可以利用微课视频对课堂知识进行总结，帮助学生巩固知识，保证学生获得良好的学习成果。

2. 构建移动网络学习的有关平台

在互联网技术迅猛发展、智能终端设备日益更新的时代，笔记本电脑、平板电脑和手机成为高校生进行社交、学习的重要工具。尤其在"互联网+"背景下，面对在线学习的发展趋势，高校要利用好移动学习平台的优势，使学生通过自主学习、个性化学习，获得更加便利和高效的学习方式，摆脱传统英语课堂在时间和空间上的约束。

高校要搭建移动网络学习平台，利用好学生的碎片化时间，方便学生在手机或平板电脑上观看英语教学视频、英语新闻等，丰富和充实英语教学内容，提高英语学习效率。在营造良好的移动网络学习环境时，高校应鼓励学生开展自主学习活动，主动搜索有关英语教学的资料，并及时推送给其他学生，与传统英语课堂形成互补，从而让学生在良好的英语学习氛围中提升英语学习水平。高校还可以针对网络英语学习平台和网络英语学习资源，开发英语学习 App，帮助学生顺利开展英语学习。

在开展英语教学时，高校英语教师要结合自身专业特征和实际状况，帮助学生树立正确的英语学习观念，使学生将自身专业、从事行业同英语学习有效整合，以此为基础有针对性地选取英语学习 App。教师也要了解学生的个性化需要，以需求为导向对 App 学习方案进行科学设定，为学生更好地开展英语学习提供保障。在鼓励学生借助 App 开展自主学习的过程中，教师要考虑不同学生的英语水平，提供包括英语词汇学习、英语词汇强化、英语听说读写能力提升等在内的一系列应用程序，使学生的英语综合学习、运用能力都得到增强，这样才能充分体现英语学习 App 的价值。在使用英语学习 App 时，学生能够通过多样化的方式来提升英语能力，包括英语视频配音、英语名著阅读、英语词汇小游戏等，这些方式能有效地激发学生学习英语的积极性。在全新的教学模式下，学生能够更积极地投入英语学习，提高英语成绩。

3. 建立多元化混合教学评价机制

在转变高校英语教学模式的同时，也要对传统英语教学评价机制进行改革和创新，构建多元的混合教学评价机制，使英语教学评价更加科学化和全面化。采用混合式教学模式后，借助更新的评价模式能够有效地评估其开展的效果，更好地满足混合式教学的需要。高校在"互联网+"环境下要建立多元混合教学评价机制，要侧重对教学过程的评价，将形成性评价与终结性评价整合起来，以此来考察学生的学习效果。以往的终结性评价，教师仅通过期末测试的方式来考察学生的学习成果。而采用过程性评价，英语教师可以从多个角度入手，全面落实评价工作，包括课堂测试、课堂交流、课堂讨论、教学活动等。制定多元混合教学评价机制时，要注重丰富评价方式，开展教师评价、学生自评、学生互评，让学生了解所取得的学习成果，明确自身的不足，及时调整学习计划，不断完善自我，获得进一步的发展。

4. 培养教师信息化教学的综合能力

作为英语教学工作的主体，高校英语教师要深化英语信息化教学改革，不断更新自身教学理念，更好地利用信息化教学手段，提升英语教学能力和水平。一方面，英语教师要在教学过程中学习全新的教学理念，不断积累经验，熟练掌握信息化教学手段，在深入了解混合式教学模式的基础上，积极引导学生开展英语学习活动；另一方面，英语教师还要积极参与院校针对英语教师定期开展的培训和再教育等不同形式的活动，从而更好地运用全新的教学工具、技术，这些活动包括但不仅限于举办英语沙龙、英语讲座、英语论坛、信息化技能培训等。

尤其可以多参与面向英语教师组织、开展的信息化教学竞赛活动。这类竞赛活动由专业人员进行评价，并制定激励机制，形成了长效机制，能够达到教学相长的效果，逐渐打造出一批专业能力较强、综合素质较高、信息化运用水平较强的优秀英语教学团队，确保了英语教育教学改革工作的开展，有效地提高了英语教学质量。

"互联网+"环境下，采用混合式教学模式开展英语教学已经成为趋势。该模式能够有效弥补传统教学模式的不足，促进师生间的沟通和交流，对改善英语教学质量有重要意义。高校实施英语混合式教学模式具有非常重要的意义，可以将传统课堂教学、基于微课的翻转课堂进行有机整合，构建移动网络学习平台，促进学生利用 App 开展自主学习，建立多元混合教学评价机制，改善英语教学质量，提升英语教师信息化教学能力，形成长效机制，提升学生的自主学习能力，充分发挥互联网英语教学资源的优势，实现线上和线下教学的协调整合，促进高校英语教学模式的不断完善，提高学生的英语能力和水平。

第二节 基于微课的高校混合式教学创新实践

近些年，随着计算机与网络技术的不断发展，高等教育信息化也得到了积极的推广和使用。从最初的电大、远程教育，到目前流行的慕课、微课、翻转课堂等在线教学平台和手段的运用，对高校传统的教学模式产生巨大影响。高校教育工作者应顺应信息和网络时代的发展趋势，在"互联网+"大背景下，积极运用在线教育方式构建新的教学模式。

从宏观层面上来看，在线教育方式打破了传统教学的时空限制，使学生学习的个性化、碎片化、智能化成为可能，对于重建高等教育生态，对高等教育模式和教育制度的多样化和灵活化也起到了积极的推动作用。从微观层面上来看，在线教育方式对传统课程目标、授课方式、教学设计、评价考核方式等方面提出了挑战，使高校教师要重新构建这些环节，并进行颠覆性改变。

然而，在带来教育革命的同时，在线教育平台的局限性也不容忽视。面对线上评估模糊，问题反馈不及时，对人力、物力、财力需求巨大，学员讨论区互动性差等挑战，研究者迎难而上，针对这些问题展开了相关研究。基于课堂教学与在线教育的优势，融合行为主义、认知主义和建构主义等学习理论，混合式学习模式成为信息化教学模式的主流。因此，利用传统教学时空集中、互动性强的特点和在线教学平台信息传递灵活的长处，将两种教学模式的优势结合起来，同时将智能手机作为学习环节的重要工具，构建一种新型混合式教学模式具有较大的实际意义。

微课这个名词的真正创始人是美国学者戴维·彭罗斯。微课既可以作为一种进行知识挖掘的工具，也可以作为知识脉冲。"微课"是指按照新课程标准及教学实践要求，以教学视频为主要载体，反映教师在课堂教学过程中针对某个知识点或教学环节而开展教与学活动的各种教学资源的组合。

"微课资源对于线上线下混合式教学模式的开发与运用具有重要意义"[①]。微课作为一种新型的教育资源，打破了传统的课堂讲授模式的限制，针对某一个知识点或者某重点难点，进行全面、完整的教学设计，并拍摄3~5分钟的教学视频，通过相应的媒介推送给学生学习，充分体现了碎片化学习、个性化学习的趣味性、灵活性、共享性的特点。目前，对于微课的理论研究主要集中在微课的定义，特点和起源，应用现状和实证分析，课程资源的设计与制作，评价指标体系设计，平台的设计与应用，微课与翻转课堂、慕课的结合等。对微课的实践研究主要集中在国家级别或各省市举办的微课大赛以及微课作品的征集、评比和展示。

微课在提高学生学习主动性方面起到了积极的促进作用。微课因其视听形式灵活有趣的特点，其传递信息的方式更易于被当代高校生所接受，进而提升学生的学习自主性；同时，微课的推行可以帮助学生利用碎片时间进行学习，课堂时间可以用来进行专题讨论、

---

① 陈利达. 基于高校微课教学资源运用的混合式教学模式探索［J］. 智库时代，2021（12）：171.

答疑、小组活动等环节，为翻转课堂等新型教学模式的构建奠定基础；微课还可以让学生针对重难点或不懂的知识点反复学习，真正实现个性化学习；录制微课的过程还有助于授课教师精心设计教学环节，反复打磨教学内容，努力提升讲课水平，反思教学不足，对教师专业技能的提升也起到促进作用。

混合式教学模式指的是线上平台教学和线下课堂教学相结合的教学模式。该模式将两者的优势相结合，既能保证教师对课程的主导作用，又能激发学生学习的主动性、积极性和趣味性。与此同时，微课和雨课堂①作为混合式教学模式的有效补充，更能充分发挥其自主性、灵活性和高效的特点。

一、基于微课的高校混合式教学目标设计

第一个教学目标为态度层面，主要任务是激发起学生对管理学的学习动机和兴趣。学习动机一旦建立，可以直接诱发学习行为，进而让学生更好地学习和掌握管理的各项职能，使其对管理工作产生浓厚的兴趣。

第二个教学目标为知识层面，主要任务是让学生学习和掌握与计划、组织、领导、控制、创新相关的各种理论和方法，为指导实践奠定理论基础。

第三个教学目标为能力层面，主要任务是通过教学环节的设计，着重培养学生的决策能力、组织协调能力、人际交往能力与创新能力等。

二、基于微课的高校混合式教学环节设计

在教学目标的指导下，结合管理学原理课程特点，从课前预习、课中互动和课后反馈三个环节进行教学活动设计，具体内容如下：

（一）课前预习环节的设计

课前预习环节主要依靠微课和雨课堂等线上教学平台来完成。首先，教师根据教学大纲对各章节内容进行教学任务分解，将重要知识点或难点设计成专题进行讲解，并制作微课视频。此外，还可以收集下载与该章节内容相关的精品视频和经典案例，丰富微课内容。其次，教师建立课程微信群，并将学生进行分组，选举组长和分配各个职务。最后，教师将微课视频、教学课件等教学资料在开课一周前通过雨课堂推送到学生手机端，并设置相应的预习任务，鼓励学生在课前自主学习，理解课程内容，并积极参与课前小组讨

---

① "雨课堂"是清华高校在 2016 年推出的面向高等教育的智慧教学工具，通过利用 PPT 和微信这两个常用软件的功能，将课件、视频、相关材料等内容推送到学生的手机上，实现在课堂上师生的实时互动和交流。

论。教师可以通过雨课堂平台监控学生预习完成情况，掌握学生是否存在讨论分歧或疑难问题，为接下来的课堂精讲做好准备。

（二）课中互动环节的设计

课中互动环节主要围绕以下内容进行：

第一，通过对雨课堂平台预习情况的统计，针对学生预习环节中普遍存在的问题、讨论中存在的分歧和重难点知识点，结合PPT进行集中精讲和订正。在讲解过程中，学生也可以在手机上随时按下"不懂"的按钮，并自由掌握PPT翻页频率，实现随时提问和学习思路连贯。授课教师可以随时关注学生的学习动态并灵活调整，保证课堂吸收率。

第二，在保证学生基本掌握理论知识的基础上，进行课堂互动环节设计。课堂互动可以以小组为单位，具体的形式可以采用专题辩论、感悟练习、情景模拟、案例编排、团队游戏竞赛等形式，让学生进入真实的管理情境和氛围中，使其在巩固理论知识并加深理解的同时，又能提升相关管理能力。

需要强调的是，所有课堂教学环节过程中，学生都可以通过雨课堂的"弹幕"功能，实现教师与学生、小组成员之间、小组与小组之间的实时沟通与交流，突破了传统课堂的时空局限。

（三）课后反馈环节的设计

课后反馈环节主要体现在作业布置、课后答疑、课外拓展方面。教师可以通过雨课堂将课后作业推送给学生，学生可以通过手机端作答并及时提交。学生也可以通过反复观看微课视频完成对知识点的复习，并及时和老师交流解决疑问。教师也可以通过微课和雨课堂向学生推送与管理学发展热点和社会热点问题相关的文字和资料，鼓励学生积极思考、讨论并发表观点。教师还可以根据学生的微课学习以及雨课堂的学生学习完成情况、测验结果等相关数据统计分析，反思课前和课堂教学效果，进一步完善教学环节设计，使教学效果得到进一步巩固以及提升。

三、基于微课的高校混合式教学评价设计

微课-雨课堂混合式教学模式中的教学评价方式设计的具体内容如下：

第一，线上学习情况。线上学习情况主要包括利用微课和雨课堂教学平台进行预习、在线学习、参与讨论、完成测验和作业等情况的评价，占课程总评成绩的30%。

第二，参与活动情况。参与活动情况主要考评学生对课程活动的参与度、完成度和效果，包括小组讨论、辩论、感悟练习、案例编写和分析等。要求学生主动参与，积极思

考、主动发言、有团队协作精神。占课程总评成绩的30%。

第三，个人表现。个人表现包括课堂出勤率和期末考核成绩。期末考试摒弃传统的考场笔试形式，采用更为灵活的任务形式，如完成调查问卷和调研报告、撰写策划书、案例分析、开放性论述题等。考核内容的布置、学生提交作业、教师打分、分数统计分析均可通过雨课堂进行。

微课-雨课堂的教学评价方式设计强调过程性评价与终结性评价相结合的形式，突出更能反映学生学习能力和实践能力的考核方式，能够实现对学生更全面、真实、客观的评价。

总而言之，基于"微课-雨课堂"的混合式教学模式是一种全新的教学模式创新，学生利用微信就可以进行自主学习、完成测试、小组讨论等功能。这充分利用课前课后等碎片化时间，使学生的学习变得更为主动和高效，师生之间的沟通更为顺畅，有助于强化教学效果，提升学生的综合素质。高校在教学中应用该模式时，首先，应注意教师角色的转换，突出教师的主导作用和学生在学习中的主体地位；其次，注重学生的学习体验，对于教学环节的评价等资料与数据不断调整和修正教学环节设计，使混合式教学模式给学生带来新颖、高效的学习体验。

第三节　基于慕课的高校混合式教学创新实践

一、混合式教学中慕课的相关认知

随着互联网技术的发展，一种新的基于互联网技术的教学模式慕课应运而生，探究在慕课混合式教学模式下的教学效果，结合教学实际，着重研究慕课资源下混合式教学模式的实施和优化对策，真正服务线上线下教学，这对慕课背景下的教育改革具有较好的促进作用。

慕课，也就是"Massive Open Online Courses"，简称"MOOC"，是一种大规模开放式在线课程。为了方便了解学生的学习情况，教师可以将主电脑与学生电脑连接，在线获取学生的学习方式、学习效率，获得相关教学反馈。慕课是一种全新的在线教学方式，融合社交服务、在线学习、大数据分析和移动互联网等必要因素，用户可以免费获得大量在线教育服务和生动的学习体验。

MOOC教学模式强调建构主义理论。建构主义认为学生应树立学习的主体地位，成为知识的主动建构者。客观世界虽然是客观存在，但每个人的认知方式和视角不同，他们眼中的客观世界自然就不尽相同，对客观世界的理解也有很大差异。因此，学生应从自身出发，摆脱单纯的接受，主动建构。教师也应明确自身地位，将学习的主导权还给学生，努力做好组织者和引导者，帮助学生提高自主学习能力，顺利完成学习任务。MOOC教学模式注重知识创新，倡导让每个学生都成为知识的生产者，从而培养出能够恰当处理数字信息并形成自己独有知识网络的人才。

慕课拥有全球范围内丰富而优秀的教学资源和以学生自主学习为主的前沿教学理念，而传统课堂教学又具有慕课所不具备的有效监管、情感互动和实地操作等优势。所以要将两者有机结合，让慕课与传统课堂教育优势互补、相辅相成，以达到基于慕课推动教学改革的目的。在应用型学校中，最行之有效的结合方式是以慕课为主构建适合的"翻转课堂"教学模式或"线上慕课+线下实体课堂"的混合式教学模式。

"混合式教学"是线上教学与实地课堂教学的结合，具体包括教学理论、资源、环境、方式等内容的混合。应用型学校要有效整合和利用慕课的优质教学资源，加强师生、生生之间的互动交流，将慕课全面、科学、深入地渗透到日常教学工作中，大力开展翻转课堂和混合式教学，构建"四位一体"的新型课程教学模式（如图6-1）。

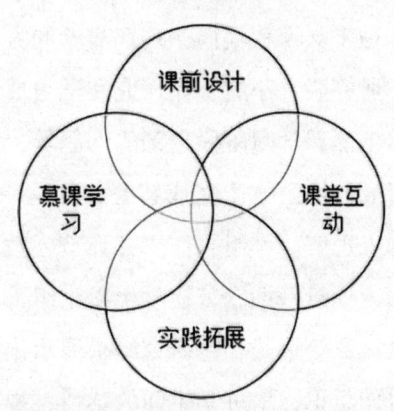

图6-1 慕课"四位一体"教学模式

第一，课前设计。课前设计阶段教师的主要工作是：研究和设计课程体系结构、教学大纲、具体的知识框架等；从众多慕课资源中筛选出适合的课程内容，自己制作教学微视频课件，准备其他预习资料和作业等；将准备的所有教学资料按照教学目标要求，分成必学和选学两部分布置给学生。以上准备是之后阶段顺利开展的前提保障，能够有效帮助学生高效率、高质量地完成学习任务。

课前设计阶段是慕课教学活动中不可或缺的一部分，具体原因表现在两个方面：①慕课课程缺乏系统性的知识体系，教师需要提前设计课程体系结构和知识框架，以助于学生对即将学习的内容有系统、全面的整体了解和把握，做到心中有数，避免形成"知识碎片"；②慕课课程资源丰富而冗杂，学生群体要想从庞大的信息中筛选出适合的学习内容，难度很大，而且每个学生的学习能力和需求各有不同，需要教师帮助学生提前选择合适的、优质的慕课课程，并根据学生的具体情况设计行之有效的学习策略，供学生选择使用，从而有效提升学习效率和质量。

第二，慕课学习。学生按照教师布置的课前学习任务和提供的学习资料，认真学习必学模块中的所有慕课视频课程内容，再根据自身需求和能力，选择性地学习选学模块中的资料内容，并按照要求认真完成预习作业。通过该阶段的学习，学生可以较为全面地掌握课程知识内容，标记出难点问题。

慕课学习阶段属于课外学习范畴，对学习的时间、地点和进度要求相对自由，学生可多次重复回播或查阅相关资料，直至彻底理解。这种自控式、深层次的学习模式，能够为学生带来前所未有的个性化体验，有效提高学生的自学能力和自控能力。

第三，课堂互动。在课堂中，教师引导学生开展作业答疑、合作探究和互动交流等学习活动，帮助学生更好地"内化吸收"知识，将慕课学习阶段掌握的知识进一步加深理解和记忆，以突破知识难点、把握知识重点，达到高质量学习的目的。在这一过程中，不同学科采用的课堂学习活动也不一样，如经管类课程偏向于问题讨论和案例分析等，外语类课程偏向于口语交流练习等，理工类课程偏向于现场实验和方案设计等。

课堂互动的主要形式有作业答疑、小组合作探究和学习成果评价交流等。作业答疑环节，教师会依据教学大纲及学生慕课学习阶段遇到的问题等，总结设计出代表性强、值得深入探讨的问题。然后从旁引导，协助学生完成解答，在这一过程中"化零为整"，帮助学生将知识融会贯通并进行深入理解。小组合作探究环节，教师将学生划分为若干个讨论小组，并给予一定问题、案例、场景等话题，让学生以小组为单位展开讨论和研究，然后利用出示研究报告、开展辩论比赛等形式，将研究结果展示出来。这种学习方式能够有效提高学生的互帮互助和团结协作意识，增进学生间的感情，提高人际交往能力，提升学习效果。学习成果评价交流环节，通过教师点评、同学间互评、自我评价等形式检验慕课学习成果、知识掌握程度、小组讨论参与度、小组研究成果水平等。在这一过程中，学生可以全面深入地检验自己的知识掌握情况，从而有针对性地查缺补漏，不断夯实知识储备。

第四，实践拓展。学校将慕课与传统教学模式有机结合、开展翻转课堂和混合式教学的最终目的是帮助学生将学到的知识更好地运用到生活实践中，从而培养出对社会真正有用的应用型人才。实践拓展阶段是"四位一体"新型课程教学模式的重要组成部分，是课堂教学的延伸和拓展。该阶段主要采用的形式有学习/研究成果分享、知识/技能竞赛、社会实践体验等。成果分享主要是学生个人或团体将自己的学习感悟、研究成果等内容利用短视频、论文等形式上传到网络上供社会检验和学习。在这一知识创新和再创造过程中，学生能够不断加深对知识的理解，培养实践技能。

总而言之，在实体课堂教学中引入慕课具有至关重要的积极作用，可以带来丰富优质、实用性强的教学资源，极大地解决我国大部分学校优质资源短缺的问题，有效帮助应用型学校更好地发挥职能，实现应用型人才的培养目标。慕课可以带来优秀的教学理念，即强调学生为本，引导学生自主学习，不断培养和提升其自学能力。

（一）慕课对教师课堂教学能力的影响

1. 对教师课堂组织能力的影响

教师的课堂组织能力是教师必备的教学技能。没有科学有序的课堂管理秩序，就没有良好的课堂效果，学生学习的主动性、积极性和最后的学习成绩也都无法得到保障。课堂组织能力需要充分发挥课堂优势，引导学生学会主动学习，从而达到提升课堂教学目标、完成教学任务的课堂基本形式。课堂的组织能力是体现教师综合素质的关键能力，需要教师不断学习新的教学理念，从日常教学经验中汲取能量。通常而言，教师的课堂组织能力越突出，班级管理就会越好，有利于实现班级管理目标，教学成绩的提高在此基础上就会水到渠成。课堂组织管理，需要教师在与学生的相处中发现和研究，最后和学生融为真正的集体。如果教师没有真正地深入学生内心，没有下功夫研究班级管理，没有深入了解课堂的组织方法和形式，就会影响教学成绩的提高，最终导致教学任务拖延。因此，教师的课堂组织能力是新课程实施过程中需要不断深入发掘的重要技能。

在长期的发展实践中，慕课已经远远超出了最初的学习资源共享的范围，转而向综合服务范围，包含课堂交流、课后练习、课下讨论甚至是毕业证颁发等。"开放"这一核心特质在慕课模式中体现得淋漓尽致。毫无疑问，慕课的火热证明了"开放"的价值。同时，由于这种开放，原有的相对固化的课堂模式被彻底改变，任何年龄段、教育背景的人都可以不受局限地选择自己喜欢的课程，这种模式是对现有教育模式的一种颠覆。

（1）传统教学形式的教师组织技能。传统教学形式的教师课堂组织技能运用的要求包括：第一，通过教学组织技能的运用，使学生明确学习目的，热爱科学知识，形成良好的行为习惯；第二，要达到课堂组织的目的，教师必须了解学生、掌握学生基本情况；第三，重视集体风气的形成；第四，做到灵活多变、因势利导，综合运用多种教育形式；第五，教师要随时意识到自己对社会和学生所承担的责任。

（2）传统课堂组织技能的特点。传统课堂组织技能的特点包括以下方面：

第一，课堂组织能力要达到的目标是管理好课堂秩序。在课堂教学中，秩序井然是有效教学的基础。要达到管理好课堂秩序的目标，应做到建立健全激励与批评机制。激励措施是尊重学生的基本要求，批评措施是对学生的负责。在日常教学中，教师应充分肯定学生的努力，做到关怀每一个学生，但是不能放任他们的错误，在他们犯错时必须坚持批评机制，如此才可增强学生心理素质。

第二，组织能力的根本衡量标准是学生注意力的集中程度，因此，组织工作的要点就在于去除一切不利于学生注意力集中的事项。但要注意的是，切忌事无巨细、面面俱到。因为教师个人精力是有限的，且必须将主要精力放在课堂授课之上，毫无重点的组织行为只会让整个课堂索然无味。平衡教学方法的使用可以灵活地控制教学节奏。有经验的教师备课必先备学生，即首先熟悉学生，根据学生的认知水平选择适当的教学方法，切忌教学方法一成不变，而是应根据学生实际设定不同的教法，把课堂变成学生思维活跃的天堂，学生的兴趣必然会提高，也会期待下一堂课。

第三，课堂组织能力归根到底是引导学生主动进入课堂。因为学生的兴趣很容易转移，会导致实现课堂教学目标的难度增大，因此需要教师的引导，时刻保持学生的兴趣热情，及时返回课堂，把不确定性变为确定，把学生学习的兴趣和爱好作为每堂课重要的学习任务。教师在课堂中可以通过一定的措施联系生活实际，激发学生的学习热情。

第四，尊重学生个性，营造有利于学生个性发挥的课堂环境，进而调动学生的学习积极性。诚然，树立教师权威是保证课堂平稳运行的重要砝码，但过于轻视学生个性只会导致学生自信心的下降，表现在学习上就是学习内容创新能力与理解能力的降低，因为他们往往在等待教师公布"标准答案"，而不敢有个人见解。

综上所述，要想充分调动学生的学习积极性，不但要充分发挥教师的主观能动性，还要尊重学生的个性与创造力，更要营造一个主次分明、重点突出的授课环境。最后要强调的是，教师始终是在课堂上起到重要作用的那个角色，所以教师首先要对自我有一个清晰而完整的认识，以此为基础，才可以谈论教学风格、教学内容。而一个自我认知不明的教师，很容易被"模范课堂"所影响，导致教学模式单一。此外，教师面对的群体是学生，这一群体尚处于审美、性格的成长阶段，因此教师在衣着打扮、言谈举止方面也要特别注意。

（3）慕课教学形式下教师课堂教学技能。课堂是由教师、学生、学习内容及课堂教学环境构成的一种总体关联系统。作为全新的教学形式，慕课引入课堂教学，颠覆了传统的课堂教学形式，课下预先进行的在线微课程取代原来课上的知识传授，而原来课后学生独立进行的知识理解和吸收过程，成为课堂教学的主体内容；教师利用各种方式引导和协助学生自主参与，注重培养学生的认知技能和自主学习能力，将课堂教学进行颠覆性"翻转"，对传统教学系统下各必要因素进行了动态组合，从而构建更为良好的课堂教学生态。

第一，重构课堂教学理念。

首先，从"以教为主"转为"以学为主"。传统教学模式的课堂活动以教师为主体，由教师决定和主宰教学内容、进度、方式等，学生被动服从和接受，课堂教学的过程其实是教师的知识传授和学生的认知过程，重点在教师的"教"。这种以知识、理论、教师为中心的传统教学理念，剥夺了学生的自主性，违背了教学的初衷和意义，将学习异化为他主学习。在慕课基础上创建的翻转课堂教学模式，将传统课堂教学内容放到课下借助慕课视频完成，而将知识的理解和内化过程作为新的课堂教学内容，以学生为中心开展自主学习，教师从旁指导和协助，重点强调学生的"学"。教师通过组织小组讨论、答疑等方式，充分调动学生自主能动性，切身参与到学生学习中进行倾听、引导和协助，给予学生充分的课堂自主权，让学生在偶然性的文化启蒙和持续性的精神启蒙中切身体验和实践，以课堂活动主体的身份自主建构知识，完成特定任务和活动。教师作为课堂的客体，站在和学生完全平等的地位给予指导、咨询、协调和精神关怀，帮助学生顺利、有效地开展自主学习。教学过程更像是师生之间深入交流互动、共同发展进步的过程，课堂活动以学为主，回归教学本质和初衷，培养学生综合能力和素质。

其次，从"预设过程"转为"生成过程"。传统教学理念注重预设性和确定性，把课堂教学变成照本宣科的、可重复的线性过程，强调"填鸭式"的知识灌输。学生作为教学客体，成为静止的、机械的知识接收"容器"，整个教学活动具有强烈的计划性、预期性和规范性，彻底忽视了师生的主体性、能动性和创造性等因素，是典型的"唯理性教育"模式。与之相对的新型先进教学理念，则注重教学活动的生成性和过程性，将教学活动看作开放的、多变的、复杂的、动态的完整过程，在师生深入交流互动中，学生对知识的自主架构过程充斥着各种变数和未知，会创造出很多无法预知的有价值、有意义的东西。在慕课基础上创建的翻转课堂教学，则是这种新型教学理念的生动实践。其在课下完成知识传授后，将课堂重心放在师生、生生之间的交流沟通和互动理解上，将理性和非理性因素有机结合，充分尊重和支持学生的自主性和创造性，使得师生在复杂、多变、创新的动态过程中有效发现、展示和发展自我，收获深层次的生命意义和价值，让学生在知识学习中获得思想、精神上的满足和成长。

综上所述，课堂教学理念的深入转变和重建，使课堂活动从以教师绝对主导、学生被动接受的模式变成师生之间平等交流、协商和互动的新型模式，使教师照本宣科、机械固化的唯理性教学方式变成充分发挥师生自主能动性和创造性的动态多变的教学方式，这些都是重新构建课堂教学生态的基础保障和前提条件。

第二，重构课堂教学目标。在很长一段时间内，我国基础教育的目标是注重基础知识和基本技能的"双基"培养教学，教师利用课堂讲解知识，将技能灌输给学生，学生处于被动接受的位置，教学形式具有强烈的他主性，缺乏学生主观意识对知识的思考和加工，不利于学生逻辑思维能力、创新能力、自主学习能力的发展。新课改下的基础教育目标则是基于终身价值而提出的，注重知识和技能、过程和方法、情感态度和价值观培养的"三维"教学目标。这一目标关注学生多方向、多层面的发展,是教育境界从低到高逐层递进的突出展现,这些综合能力的培养,可以让学生终身受益,有利于他们的发展和进步。基于慕课的翻转课堂极大地促进了三维目标的实现:①翻转课堂将以往课堂教学的主要内容——基础知识的学习放到课下,由学生利用慕课视频自主完成,不但实现了初级认知目标,而且为后面两个目标的实现提供了前提保障;②课堂教学的内容变成师生之间共同配合研究、探讨、交流、解决真实问题,并让学生在教师引导和帮助下发现旧知识、新知识之间的内在联系,有效构建知识体系,最终实现知识的内化和吸收。

第三,重构课堂教学实施过程。慕课的应用颠覆了传统教学过程,有利于有效解决和弥补这一过程中存在的问题和缺陷。基于慕课的翻转课堂教学在教学组织形式、教学内容、教学重点上都进行了有效改革,开创了课下通过慕课传授知识,实现认知目标,课上师生深入交流、探索问题,实现方法掌握与情感体验目标的新型教学形式;以主体性、开放性、创造性的问题探究型教学内容和流程取代传统的封闭性、机械性、确定性的意识预设性教学内容和流程;教学重心从认知转变成自主架构。这种全新的教学过程给教师带来巨大挑战,要求教师完全打破原有的角色设定和教学模式,深入接受和熟练应用新的教学角色和模式。从原来的知识传授者、课堂主导者、教材执行者变成学生自主学习的引导者、协助者、组织者和咨询者;从灌输式的机械教学方式变成以启发、探究、创新等目的为主的新型教学方式。此外,还要不断调整和优化学习过程及方法,时刻注重对学生情感态度、价值观等精神层面的培养和引导。

总而言之,要以"三维目标"为教学导向,深入培养学生各项技能和能力,引导其形成正确的思想道德和价值观念,让学生终身受益,成长为新时代发展需要的复合型综合应用人才。

2. 对教师课堂讲解能力的影响

自从班级授课制提出以来,课堂教学形式便应运而生。然而,在经年累月的教学实践中,一部分教学一线的教师或教育理论家对课堂教学变革的呼声一直没有中断,他们或大胆地实践尝试,或进行建设性的理论探索。慕课改变了知识传授者与学生之间的关系,推动了学校教育、课堂教学方式的变革。直面慕课,如果学校和课堂教学方式不改革,很有可能无法在国内教育教学行业继续立足,更无法在世界教育教学改革大潮中占据优势。面对慕课提出的种种挑战,教师必须重新审视面对面教学这种课堂教学方式的处境。挑战是严峻的,同时也孕育着良好的变革机遇——慕课为课堂教学及课堂生态的重建指明了全新方向。

(1)传统教学的教师讲解技能。课堂讲解技能的主要功能。讲解指讲授法,即教师通过口头语言向学生讲授、传输知识和技能的教学行为和方法。讲解借助语言深入研究和剖析知识的必要组成因素、形成过程和内在联系等，帮助学生系统理解和掌握知识的内涵及规律。讲解最主要的特点是用语言传递教与学的双向信息。

在课堂教学过程中，讲解通常和其他教学技能相配合，用于传授科学知识，解决学生在学习过程中遇到的疑难问题，加深师生之间深层次的情感互通和互动、培养师生感情等。教师通过讲解能够有效帮助和引导学生增加知识储备量、培养各种学习能力、树立正确的思想道德观念等，是教书育人的重要手段。大量研究和实践证明，准确、恰当的讲解既能让知识的传授过程变得得心应手、有效节约教育成本，又有助于学生高效率、高质量地认知和理解知识。

（2）课堂讲解技能的应用原则。课堂讲解技能的应用原则包括：第一，学科性，即"说行话"，要求每个学科的任课教师将本学科的专业术语作为核心语言，以此来解说和剖析知识内容。因为不同学科有其独特的基础概念和理论体系，它们共同组成了具有鲜明的学科特征、蕴含本学科知识内涵和规律的知识结构系统。第二，点拨思维。教师的讲解要充分尊重和遵循学生的认知规律，严格按照从表面到内核、从已知到未知、从具体到抽象的循序渐进的认知过程。教师要在学生认知能力和情感需求基础上，巧妙提出学生关注的思考性问题，并结合相应的情境设定，有效激活学生的学习欲望和兴趣。同时，要善于在讲解过程中点出矛盾，引导学生思维方向，帮助他们充分发现问题，有效解决问题，进而树立正确的解决问题的思维方式。第三，生动启发。教师通过口头语言传授知识，虽然有利于教师自主把控教学内容和方式，但通常情况下，学生只是被动接受，缺乏一定的自主能动性。如果不注意，学生很容易陷入松散倦怠、注意力不集中的状态，从而影响教学效果。这就对教师的讲解水平和能力提出了更高要求。所以，教师要充分发挥语言艺术，加强情感交流和互动，利用生动鲜活的案例、故事等内容调动学生积极性，启发学生思维。

（3）课堂讲解的类型。讲解教学依据具体内容的性质，可分为事实性知识讲解和抽象性知识讲解两个类型。

第一，事实性知识讲解。主要运用于文科教学活动，指教师详细地解释、说明、阐述教学内容中具象的事件（事物）及其发展过程（开始、进行、结果）等。

第二，抽象性知识讲解。主要运用于理科教学活动中，主要讲解内容包括概念、原理、方法、结构、公式、规律、问题等。依据论证的思维方式，又可将抽象性知识讲解分为两种：①归纳式讲解。带领和指导学生对某些具体物质的相关事实材料进行研究分析、对照比较和归纳总结，提炼出事物共有的本质、特征或规律等。②演绎式讲解。带领和指导学生运用特定的原理、公式等，合理推理、论证某个事物，最终得出结论，认识事物。该教学方式遵循的认知规律和归纳式讲解相反。采用演绎式讲解时要综合考量学生的实际情况，充分考虑学生的认知能力和接受程度，应谨慎选择。

(4) 课堂讲解的一般程序。讲解教学是围绕课程主题开展的系统连贯、层次明晰、顺序明确的阶段性完整教学活动。

事实性知识讲解程序：①首要阶段——提出问题。主要是为了集中学生注意力，通过对知识内容简明扼要的概述，让学生对接下来的教学内容有大体了解和把握。②主体阶段——叙述事实。进一步详细描述和介绍具体事实，从而达到以事论理的目的。③关键阶段——提出要点。引导学生从事实内容中提炼出其背后蕴含的思想和道理，深刻把握内容主旨。④最后阶段——核查理解。检查和评价学生的学习成果，考查学生对具体事实和主旨思想的理解和掌握程度，并给予及时合理的反馈评价和建议。

第一，抽象性知识讲解程序。依据抽象性知识讲解的思维方式可分为归纳式和演绎式两种，这两种讲解方式的程序正好相反。

第二，归纳式讲解程序。它是指从具体、特殊的事物中提炼总结出抽象、一般的本质、规律等相关概念的思维过程，具体程序主要包括：①主体阶段——列举感性材料。主体阶段是整个程序的基础。罗列出来的感性材料既要与一般本质、规律等紧密相关，又要尽量保证典型、丰富，以免因为感性材料问题总结提炼出片面、错误的概念。②关键阶段——指导分析。充分调动学生思维，引导学生根据要求将所有感性材料进行形式、内容、特征、关系、成因等方面的整体性分解，为下一环节奠定基础。③核心阶段——综合概括。综合概括和分析同属智力活动，是利用思维将上一阶段分解的结果整合起来进行对照比较，筛选并找出共有属性，再总结归纳得出结论。④最后阶段——巩固深化。将新结论进行类化，帮助学生在类推中加深对知识的理解和记忆。

第三，演绎式讲解程序是从一般、抽象的事物中推理、论证出具体、特殊结论的思维过程，具体程序包括：①起始阶段——提出概念。这是所有环节的基础，包括提出抽象概念，分析较高的原理、概念、定义、公式等。②关键阶段——阐明术语。主要是为了更加清晰明确地界定概念，准确把握其内涵和外延。③核心阶段——举出实例。将提出的抽象概念运用到具体事物上进行推理论证，得出结论，是从一般到具体的思维过程。④最后阶段——巩固深化。经过实例论证得到概念，再经过运用和说明等操作进一步加深理解，巩固认知。

(5) 讲解技能运用时应注意的问题。在讲解内容准备阶段，教师不但要清晰把握内容的知识点、重点和疑难点，让讲解过程条理清晰、层次分明，易于学生掌握，还要特别注意新旧知识之间的内在联系，遵循知识体系的规律和逻辑顺序，使新知识完全融入已有知识体系中，以形成完整的整体，否则容易形成"知识碎片"，不利于系统掌握和应用。

在讲解过程中，应充分激活学生的认知思维，有意识地将已有知识与即将学习的新知识联系起来，引导学生利用已有知识思考和把握新知识，培养学生的认知能力和自主学习意识。然后进行针对性的细致讲解，有效吸引学生注意力，加深其对知识的理解和掌握。教师要多方探索和学习、不断积累经验，找到最适合的讲解方式，既要有效调动学生的积极性和求知欲，营造轻松愉快的学习氛围，又要保证讲解的高质量、高效率。

（6）慕课教学形式下教师的讲解技能。课堂"翻转"改变了传统课堂教学相关必要因素的动态组合，这种改变势必引起讲解技能的变化。慕课的教学过程可以用交流信息的方式呈现出来，教师需要运用类似于谈话方式的讲解，其音调也需要进行变化，其高低强弱因学习内容而定，通过夸张有效地突出重点，引起学生的共鸣。课程的重点要言简意赅，深入浅出。只有抓住重点，才能突出重点。对于重点问题，要讲精、讲透。精讲不等于少讲，如果讲得过于简单，学生不能掌握所学内容，更谈不上精益求精。对于能举一反三的内容，举一就是教师的事，要多讲，讲深讲透，直到学生能反三；反三则是学生的事，是学生在学习过程中利用已知探求未知的过程，这个过程中教师尽量不要讲，更不能包办代替。教师在慕课教学讲解过程中，要注意以下三方面的问题：

第一，联系新旧知识，形成完整体系。讲解教学的显著优点之一是能够帮助学生充分了解和把握新旧知识之间、新知识内在必要因素之间的联系。教师在日常讲解教学中，既要帮助学生形成完整的本学科知识体系，又要引导学生建立起科学的认知结构。教师在讲解时要将新知识与学生已有知识结构联系起来，并进行深入浅出、准确清晰的讲解，便于学生更好地理解和吸收新知识，并在新旧知识之间建立起实质性联系，将新知识完全融入已有知识体系中，形成有机整体。让学生能够融会贯通，提高认知技能和能力。

第二，启发思维，发展认识能力。讲解的主要目的除了传授具体知识，更重要的是引导学生开动脑筋、建立正确的思维方式和认知技能。这就要求教师在讲解过程中善于引导和启发学生，充分调动学生思维，引导思维逐层深入，让学生在学习知识的同时学会如何学习知识。教师在运用各种生动形象的讲解方式时，应从具体到抽象、从感性到理性层层递进，帮助学生准确把握认知规律和方法，使学生养成独立思考和解决问题的习惯和能力。

第三，培养求知兴趣，激发学习动机。学习是不同动机共同作用的结果，深受学生情感、情绪等主观因素影响。学习兴趣是积极向上的、良好的学习心理，可以充分调动学生的学习激情和求知欲，产生无限动力。所以，教师要竭尽所能利用各种教学手段激发学生的学习兴趣和积极性，而深具趣味性、灵活性、直观性特征的生动讲解能够很好地达到这一目的。

3. 对教师课件制作能力的影响

传统的教学模式注重口授、板书、教材等方面，教学理念主要是"填鸭式教学"，教师只作为传授者，而学生也只是死记硬背教师所说的知识点。然而，慕课充分利用现代的多媒体技术，使多样化的教学技术得以运用在课程中。慕课学习不再是传统教学口授、板书的课堂，它充分利用多媒体的信息技术，将影像等引入课堂中，使课堂内容变得更加丰富，更有吸引力，学生能够更加专注于课堂内容，学习效果更佳。慕课的课时短，避免了过长的课时让听课的学生注意力分散的问题，更适合于现阶段学生的时间安排，可以让学生充分利用碎片化的时间。慕课的教学模式更注重结构化教学，注重讨论和知识的延伸。相比于学生对基础知识的掌握，慕课更加注重对学生思想的培养，发现法、探究法、合作学习等方法可以帮助学生更好地开展学习。慕课除了课堂教学外，还可以实时追踪学生的课后互动，查看学生的学习状况、听课效果等。慕课可以根据学生的听课情况，开发个性平台，及时调整上课方式，构建人性化的教学。

近些年，互联网技术的成熟和发展推动了教学的发展，使得教育形式发生重大变革。慕课平台的出现，更引发了我国教育事业的变革。在现代社会中，人们的生活节奏越来越快，类似慕课短、精、快的教学模式越来越被大众所接受，被称为反复学习和终身学习的最佳方式。

慕课是一种适应现阶段的新型课程，它将更多的优秀教学资源投入网络，为没有进入知名学校的学生提供学习机会。慕课的发展适应现阶段的生活节奏，所以能够牢牢抓住消费市场。慕课视频时长通常在1~12分钟，以此满足学生的学习需求。慕课中微课程的"微"是短小、精练的意思，是各大优秀教师根据新课程标准和课堂时间总结出来，它以在线教学为目的，将知识框架和重要知识内容在10分钟内展现出来，体现了教师对整个知识的掌握程度、对知识的整合能力以及对课外知识的延展能力。

慕课的时长较短，教学目标明确，教学效果更加显著。短时间的教学可以使学生在短时间内注意力高度集中，并且在互联网模式下，使学习更加便利，摆脱时间和地点限制，随时随地学习。传统的网络课程通常是将教师讲课的视频录制下来并且放置于网络上，而此类视频缺乏针对性、缺少个性化，会影响在线学生的积极性，存在不能使学生充分理解、持续性学习，导致学生学习热情下降等问题。

（1）视频要短小精悍。学生在学习过程中最常遇到的问题是对知识的接受能力较低，学生不能感受到知识的纳入，积极性会被打消。因此，在设计视频时，要重视认知超载的问题，减少视频中与课程无关的信息，将抽象内容具体化，加深学生的理解，降低学生在学习过程中出现难以理解的风险，并且可以在视频中的关键处做出标记，引起学生的关注，以此提高学生的学习效率。慕课的表现方式和学习方式，是将课程进行适当分解，将难以理解的知识进行分解，并把视频控制在10分钟以内。一般而言，视频越短，越可以满足学生的学习碎片化需求。在视频短小基础上，教师不应将视频中的知识内容缩减，而是要将内容细化，要让一个视频至少解决一个学习问题，对学习问题进行把握设计、理解、开发和深度讨论。在微课视频中，大多是以问题作为开头，通过讨论问题展开学习。微课视频的短小模式，要求教师在课程之初就要开门见山地提出课程主体，通过提问方式，引起线上与线下互动，引发学生的思考，提高学生的学习兴趣，这样的视频模式和内容可以保证学生集中注意力，提高学习效率。

（2）视频采用丰富的教学手段。微课程是慕课教学的一部分，是慕课学习中的重要组成部分，课程设计者在设计视频时，应适当将各种娱乐图片融入其中，在不同学习内容要求下，选择不同的教育手段。微课视频的教学要不同于传统网络教学，传统网络教学是面向大众的，而微课教学是有针对性地进行个案讲解，通过情景模式引导学生学习。

（3）视频与媒体结合的运用。现在是多媒体信息技术高度发展的时代，教学也需要与时俱进。慕课教学中的微课程视频包含很多媒体必要因素，如文本、图片等。课程设计者在视频设计之初，需要将这些因素考虑在内，尽量降低学生的认知难度，做到图文并茂，以利用视频等将抽象化、难理解的知识点具体化，帮助学生理解。多媒体系统给予课堂教学丰富的表达形式：鲜丽的色调、惟妙惟肖的界面、动听的乐曲，使知识内容图文并茂，生动形象，在学生认知与教学两者之间搭建起一座桥梁，帮助学生轻松地探寻知识的奥妙。视频与图片对人的吸引力远大于文字，课程设计者要充分认识到这一观点，将视频同媒体充分结合，由此设计出更加高效、更有吸引力的微课视频。

（4）视频配备简练的文字内容。确定基本的视频内容、教学策略等后，课程设计者要对视频进行简单的文字插入，其中包含微课程的标题、章节、知识点、视频时长等。人们对声音的接受需要反应时间，如果再配上文字，对信息的接受则更加快速和具体，学生学习时的效率也会更高。大脑集中工作时间只有 10 分钟，微课视频要牢牢把握这一时间，在视频设计和制作时，要以 10 分钟作为标准。如果视频过程中出现真实的主讲人，则可以通过动作表达，吸引学生的关注度，帮助学生加深理解。如果只是普通的课堂教学模式，会使学生感觉与传统课堂教学并无区别，微课的本身意义便会失去，学生的学习效率也会降低。所以视频中除了课程教学之外，课程设计者还应该为学生设计提示性信息，可以引发学生的思考，跟上课程进度。例如，利用符号标注，提示学生课程中的关键信息。

由此看出，在慕课的课程设计过程中，应该充分把握学生的主体地位，在设计之初就要关注学生的学习需求，只有真正掌握学生的认知程度和学习需求，才能更好地开展课程设计，才能为学生提供更加有效的微课视频，才能形成良性循环。微课视频大多主张开门见山，课程之初便提出问题，通过问题展开对知识的讲述，同时不断抛出问题，引发学生的思考，将实际操作中可能会遇到的问题在课堂中提出，使实际操作可以更加顺利地开展。在做好本期视频内容的同时，微课视频还要在短时间内做好与上一期视频的衔接，巩固上一期内容，同时做好下一期视频的过渡，为下一期的知识内容做好铺垫。

（二）慕课混合式教学的重要意义

推行慕课混合式教学是在信息时代实施因材施教的重要途径，教师从机械重复的教学工作中解脱出来所节省的时间和精力，完全可以充分投入因材施教的差异化教学工作之中，这在高等教育，特别是学校的通识教育课程中就显得更为重要。需要学习通识教育课程的低年级学生，正处于从基础教育阶段的应试教育思维向高等教育阶段的实践思维、批判性思维、创新性思维过渡的关键阶段。通识教育课程的选课学生往往来自不同的学院和专业，文理科专业背景也不同，知识结构和学习能力差异也很大，这就更需要教师根据学生的专业背景和知识结构对学生分门别类、有针对性地组织教学内容，布置相应的学习任务。在分类教学的基础上，还可以给予学生更多的人文关怀，根据学生的个体特点，进一步一对一地进行在线或面对面的教学辅导。

慕课混合式教学模式通过提高教学效率节省出的教学劳动时间，仅仅是为提高教学质量和精细度提供了一种可能性，具体是否能够真正起到实效，还要看学校和教师是否都有充分的认识并付诸行动。只有教师能够潜心教学，追求教学质量的提升，校方能够积极创造保障条件支持教师投入教学，多方相向而行、形成合力，才能产生效果。

（三）混合式教学中的慕课学习资源

慕课（MOOC）学习资源的设计流程可包括：①设计课程大纲；②根据课程大纲撰写课程简介、进行单元教学设计并规划课程各单元的内容关系图；③根据单元教学设计制作演示文稿、本章导学、作业和测验题、视频以及其他学习资料，如图6-2所示。从图中可见一共得到8种课程资源，其中视频中的Quiz也属于测验。

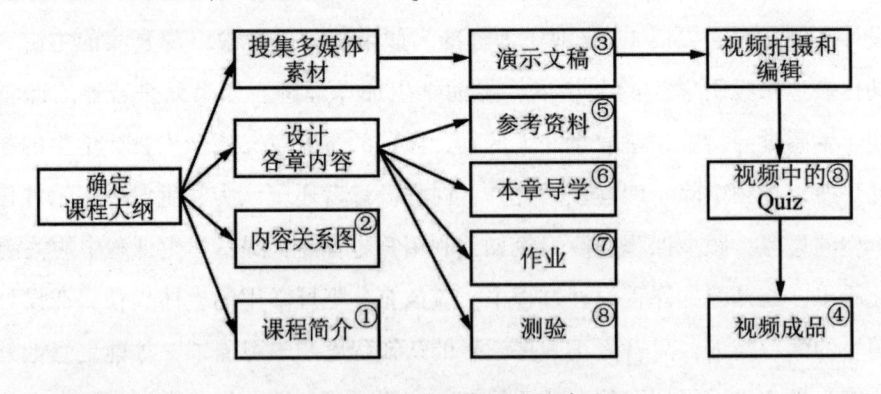

图6-2 MOOC学习资源的设计过程

二、混合式教学中的慕课课程设计

（一）慕课课程设计大纲的制定

MOOC 仍然是课程，因此依然需要制定 MOOC 课程的大纲。我们不能直接使用传统教学制定的大纲，而是需要根据 MOOC 的特点，对课程大纲进行调整。

调整的过程和方法为：开展面向学生、教师的问卷调查和座谈—了解学生对课程的需求和感受以及教师的感受—调研同类课程的开始情况—确定本门 MOOC 的内容范围、学习目标、重难点—划分成"章"（模块）—将各章进一步划分为多个"节"（单元）—明确每节的名称和内容（每节一般对应一个相对完整的知识点，表现为一个短视频）。

（二）慕课资源分模块教学的内容设计

每个模块通常可以对应为一章，每章中包括以下部分：

第一，本周（章）导学。编写本周（章）学习的内容提要、重点、难点、学习要求和提示等。导学内容不宜过多，应简洁明了，条目清晰。

第二，本章学习视频。设计制作本章的一个或多个短视频，通常每个短视频对应一节。

第三，本章参考资料。参考资料是除了主视频等资料之外的学习资料，可以是课程教学演示文稿、答疑小视频、论文、书籍、报刊、在线文献或其他参考资料等。根据相关性，参考资料一般发布在某个短视频后。演示文稿和其他格式文档须以 PDF 文档的格式上传，也可使用平台提供的富文本在线编辑。每个授课单元的答疑小视频可放在该单元教学内容的最后，供学生观看。

第四，本章作业。作业一般是主观题，采用同学互评或教师批改的方式进行判分。如果作业为客观题，则应归入测试题中，这样可以自动评分。作业的评判标准应当公平、公开，其中同学互评的评判标准要详细、易于理解，方便学生们评判并给出合理的分数。

第五，实验。如果课程有实验实训环节，则应将实验实训内容发布在 MOOC 平台中。实验实训可能是在线的（如虚拟实验、计算机类操作实验），也可能是线下实体环境中的实验。

第六，测试题。编写各章的测试题，包括每章结束后的"每章测试"，根据章节内容可设置 20 个左右的选择、填空、判断等题目。同时在每个视频中间、视频结束后还应设计与该视频内容紧密相关的 Quiz。视频中一般设置 1~2 个题目，如每隔 5 分钟出现一个客观题让学习回答，答对才能继续观看。每个视频观看完毕后，可设置 3~5 个测试题。

第七，网上讨论主题。为了引发学生对学习内容的思考，教师可针对每章内容设计几个让学生讨论的主题，内容通常与本章重难点内容相关。学生仍然可以发布其他讨论主题。

（三）慕课课程设计的主要信息

课程主要信息通常包括两个部分：课程简介和常见问题，具体内容如下：

第一，课程简介至少应该包括：课程名称、学分、课程目标、知识单元与进度安排、成绩考核方式、授课教师、课程特色、课程各模块间的关系图、课程学习所需的前导课程、成绩评价方式及有关要求、教材与参考书等内容。如果课程为学位课程，则应说明本课程在人才培养体系中的地位；如果课程为混合学习的一部分，则还可以介绍教学方法及组织形式、线下教学活动的安排等。课程简介通常发布在课程首页中，可以采用视频或图文的形式进行说明。

第二，常见问题需要罗列本课程学习中可能遇到的常见问题。通常是学习方法类型的问题，一般不涉及具体的学习内容，如关于如何查看学习进度、课程成绩计算方法、如何参与讨论、如何观看直播、如何申请证书、错过了考试怎么办、浏览器选择、平台使用方面的问题。另一部分可能涉及课程具体内容。常见问题通常以问答形式说明。

（四）混合式教学中慕课视频的制作

MOOC 视频是 MOOC 中最重要的学习资源，其设计和制作可以遵循以下环节：

1. 设计单元的教学目标

具体而明确的教学目标有助于准确有效的学习评价。根据加涅的学习结果分类和布鲁姆的教学目标分类理论，首先判断学习结果的类型、学习要求的层次，选择合适的动词，根据 ABCD 法描述每个单元的教学目标：学习对象在何种条件下的学习行为达到何种程度——如"学习者能够举例说明计算机的 5 个特点"。不同的学习结果可采用不同动词进行描述，学习结果可以分为三类：言语信息、智力技能和情感态度。

2. 设计制作拍摄的脚本

需要拍摄的 MOOC 视频可能是包含教师形象的视频，也可能是计算机操作过程的屏幕录制视频，还可能是设备仪器的操作演示过程。这些视频在拍摄前都应有相应的设计脚本。

（1）电影脚本式。一种理想的脚本设计方法是，按照教学设计的过程，设计本单元各知识点的教学顺序和呈现的媒体（文本、图像、动画、视频等），并编写类似电影拍摄的脚本，见表 6-1 和表 6-2。

表 6-1　认知类教学目标的分类及描述

布鲁姆教学目标分类	加涅学习结果分类	ABCD 法的动词选择
认知学习领域	言语信息	remember（记忆）：tell（说出）、list（列出）、describe（描述）、name（命名）、repeat（重复）、recall（回想）、identify（识别）等
	智力技能	understand（理解）：change（改变）、explain（解释）、restate（重述）、find（找出）、describe（描述）、define（定义）、compare（比较）等 apply（应用）：practice（练习）、employ（采用）、demonstrate（演示）、show（展示）、report（报告）、classify（分类）、putinorder（排序）等 analyze（分析）：distinguish（区分）、focus（聚焦）、survey（综述）、compare（比较）、contrast（对比）、investigate（调查）、solve（解决）等 evaluate（评估）：judge（判断）、select（选择）、decide（决定）、debate（辩论）、justify（证明）、recommend（推荐）、verify（验证）、measure（测量）、test（测试）等 create（创新）：design（设计）、construct（构建）、invent（发明）、imagine（想象）、compose（组合）、predict（预测）、organize（组织）、plan（规划）、setup（建设）、improve（优化）等

表 6-2　单元教学设计案例

表现形式	画面内容	音频内容	说明	时长/s
视频素材	办公事务处理、Intel 未来教室、电子商务、PAD 播放影片、个人 PC、服务器、大型机等	科技感的快节奏音乐、解说词	计算机的应用、多种形式的计算机引入计算机的概念	30
教师出镜讲解	教师在具有科技感的背景前讲课的影像	教师授课声音	教师以提问形式引发学生对计算机的内涵与外延的思考	30
动画展示计算机的概念	以打字机效果显示计算机的定义	打字机声音	强调显示计算机的概念	30
视频素材	各类计算机的应用短片	解说词	计算机有很多特点，引发学生思考最核心的特点	30
ACM 出版的计算机百科全书展开的动画	计算机百科全书封面，自动翻开到计算机的特点一页，在计算机的特点文字下出现下划线	解说词	用动画强调计算机的核心特点	30

表6-2中的表现形式是一种理想的方式，脚本虽然非常清晰，但需要花费大量时间。这样的脚本主要依靠教师完成，可以用于片头或少量的视频设计。所有视频采用该设计方式将给教师增加极大的负担。

（2）演示文稿式。电影脚本的方式过于复杂和耗时，实际上很多优秀的MOOC也并没有设计标准的影视制作脚本。目前比较流行的方式是每一个MOOC视频制作成一个演示文稿，演示文稿的内容尽可能地接近视频成品的内容。MOOC视频中内容的逻辑体现在演示文稿中幻灯片的顺序以及幻灯片中元素动画的顺序上。每张幻灯片的内容为要展示给观众的视觉内容，声音内容为教师讲解的语音。这样的演示文稿看起来更像是教师上课的课件，但比教学课件要求更高，体现在以下方面：

第一，内容逻辑顺序要更加严谨，文字表述准确、精练。

第二，根据内容的需要，需要收集本讲视频内容相关的图片、视频、文献等资料，使单元内容丰富多彩，图片质量高，无版权争议。

第三，演示文稿中可能需要添加实景的视频内容（如交换机的安装等），还可能需要制作成矢量动画（如计算机缓存的原理等）。需要将视频或动画插入幻灯片中，如果视频或动画没有制作完成，可以在幻灯片中说明"此处播放×××视频（动画）"。

第四，幻灯片中元素（如文字、图片、表格、图表等）的动画要精心设计，着重通过动画帮助观众理解重难点。

第五，讲解的文字或是其他说明可以放在演示文稿的幻灯片的备注中。

这样制作出来的演示文稿可以用于课程视频拍摄和制作，也可发布在平台中作为学生快速学习的教学课件。有了这样的演示文稿，其在教师出镜录制视频时可以直接作为视频录制的内容出现；也可以作为教师讲解的内容，虽然不直接出现，但作为教师讲课过程的思路提示；同时也可作为后期制作的主要内容来源。

3. 设计视频拍摄的方案

视频拍摄前，教师和拍摄团队应共同讨论拍摄方案，包括拍摄的场景物件布置、教师的服装风格、场景风格等。在教师出境视频拍摄时，一般应注意如下事项：

（1）着装要求。服装尽量避免反光材料，不宜过于休闲和运动，除非课程内容需要营造休闲和运动风。服装上最好无条纹、斑点等，并尽量避免与背景相同的颜色。

（2）拍摄时的肢体语言。动作幅度不宜过大，如果出现错误或者忘词，则保持原姿势不动，暂停3秒后继续讲解，出错内容应重新讲解一遍。如为教师一人讲解，则眼睛要注视主机位；如为多人授课（如访谈等形式），则至少在开始和结束时应注视镜头。如果担心忘词，可以将要说的话全部写出来，制作成演示文稿或其他文档形式，并通过提词器显示在摄像机镜头前方，教师讲解时可以方便地看到。

（3）测试录制文件。在视频录制完成后，录制人员一般应立即对视频进行检查，重点检查录制是否正常，如声音是否正常、是否完整录制、教师面部的布光是否合适等。如果正常，则进入下一个视频的录制。

另外，教师出现在 MOOC 视频中的形式包括：①教师不出镜。教师不出镜，但视频的声音依然由教师解说。这种视频分为多种方式：第一种为视频内容即为教师制作的演示文稿播放时的录屏内容，可以根据需要再做些后期处理，如增加字幕、版权说明等；第二种为录屏内容或动画效果，可根据需要增加相关注释。总体而言，尽管教师在视频的图像中并非一直出现，但为了更具连贯性，此时画面的声音通常仍然为教师的讲解语音。因此，在录制时，教师通常需要一次性拍摄完出镜的部分和不出镜的部分。②教师出境。在一个 MOOC 短视频中，教师通常在片头、片尾、强调重难点、内容转场等情况下出镜。这种情况也可分为多种形式：一种是实景拍摄，拍摄时教师在室内或室外的真实场景内拍摄，可以安排在室内或室外；可以教师一人主讲，也可以采用多人谈话方式。另一种是教师在绿屏或蓝屏前完整讲课后，后期编辑时"抠像"再与其他内容合并。

总结上述的 MOOC 视频形式，可以认为按照视频内容的功能，一个 MOOC 视频的组成可以包括片头、本讲开头、转场、具体内容和片尾几个部分，在每个组成部分中，教师可以根据需要出镜或不出镜。

4. 安排视频的录制工作

MOOC 视频中有一些视频是计算机屏幕录制的内容，这就需要使用屏幕录制软件。此外，无论是现场拍摄的视频、计算机屏幕录制的内容还是其他要放入视频中的素材，都需要通过视频编辑软件制作合成。视频中可能包括教师的影像、动画、电影资料等，并根据画面配上必要的字幕和解说。

专业的演播室可作为 MOOC 视频录制场所，房间内的墙面和地面通常需要做吸音处理，有专业的灯光设施等。如果没有专业的演播室，其实也可搭建简易的 MOOC 视频录制室。可以设置可变背景布、可移动的专业摄影灯。以下为配套设备的一个参考清单：

（1）摄像机：佳能 EOS5D。

（2）镜头：佳能 EF24~70mmf/2.8LUUSM、EF70~200mmf/2.8L IS II USM、Metabones 佳能 EF 镜头转接 Nex 电子智能接环。

（3）SD 卡：闪迪 SanDisk 至尊超极速 64G280MUHS-II U3 配多张卡。

（4）三脚架：利拍 TH-650×212。

（5）无线麦克风：索尼 UWP-D11 无线采访话筒。

（6）提字器：易视 20 英寸。

(7) 移动光源：LED140W（100W）4个、2.6m 灯架4个。

(8) 反光板、背景布等。

此外，根据需要还可配置一些道具，如简易书架、多媒体一体机、计算机、讲台、桌子和沙发等，即可满足多种场景的拍摄。

三、基于慕课的高校混合式教学体系

（一）基于慕课的高校混合式教学体系设计痛点

所谓"痛点"是互联网产品设计中常用的一种需求分析思路。痛点，顾名思义是痛苦的点，当用户在使用产品或服务的时候抱怨、不满的，让人感到痛苦的接触点。痛点分析就是对系统可能造成参与者痛苦的关键需求进行分析。

教学系统设计是一个复杂的系统工程，包括教学目标、学习者特征、教学模式和策略、教学评价等诸多方面，而本书另辟蹊径从教学设计的痛点出发进行混合式教学系统设计，主要原因是混合式教学是课程教学的教学表现形式，其在课程的教学目标和教学内容方面与传统课堂教学是基本一致的，因此传统的教学系统设计中的很多内容可以延续到混合式教学中。现阶段需要重点思考混合式教学的组成元素以及各元素的占比。由于混合式教学的目的就是为了解决传统课堂教学的一些不足，这些不足是否能得到有效解决，就是混合式教学设计中的核心痛点。

另外，慕课混合式教学是对传统教学流程的重构，势必会在实施过程中带来一些新的问题，这些问题很多是教学设计者在教学设计阶段就能预感到的隐患，这些隐患如果不能在教学设计阶段就有针对性地设计对策加以应对，那么就很有可能遵循"墨菲定律"（会出错的事总会出错；如果担心某种情况发生，那么它就更有可能发生）而发生。因此，是否能够避免混合式教学在解决传统教学中固有问题的同时又产生新的问题，也是混合式教学系统设计中的痛点。

在混合式教学设计中一个核心刚性需求，或者说突出的痛点就是如果在教学流程和时空环境重构后如何确保教学质量与传统课堂教学相比不降低、不滑坡，并且能够在提高教师的教学效率和学生学习效率的基础上进一步提高教学质量和效果。

混合式教学设计的另一个痛点是混合模式的切入点，或者说是结合点选择问题，因此这主要是对于教师和教学设计者而言的痛点。在混合教学设计中，除了已有的慕课课程资源外，还需要增补哪些在线学习内容，设计和组织什么样的线下教学活动，各个教学元素的比重如何设定，都是需要教学设计者重点研究的问题。

（二）基于慕课的高校混合式教学目标设计

由于慕课混合式教学的背景是互联网时代的网络化学习，因此混合式教学蕴含的深层内涵和要义是打破传统教学的时空限制。换言之，互联网环境中的学习者的所有学习和探究行为都是在网络联通的前提下进行，在整个学习和解决问题的过程中都可以随时进行互联网搜索以及与网友沟通交流，因此整个学习过程与传统课堂教学在限定的时间、限定的场合要求学生在信息来源渠道相对单一的条件下相对独立地完成学习过程相比有着巨大的改变。随着这种教学模式的变化，课程的教学目标也应进行相应的调整。

总体而言，慕课混合式教学的教学目标与该课程使用传统教学模式的教学目的大致相同，但在教学目标的侧重点上应该有相应调整以适应信息时代对学习者新的要求。具体而言，慕课混合式教学的教学目标应该侧重于学习者对课程内容的分析、运用和创新能力的培养，因为在当前云计算、大数据、人工智能等信息技术发展的时代，计算机在信息的存储和数据的运算方面已经全面超越了人类，因此在信息时代，对人类而言主要应该培养的不再是记忆能力和运算能力，而应该是"迁移学习"能力。所谓"迁移学习"（Transfer Learning）就是指人类思维可以将以前学到的知识应用于解决新问题，更快地解决问题或取得更好的效果。迁移学习被赋予这样一个任务：从以前的任务当中去学习知识（knowledge）或经验，并应用于新的任务当中。换句话说，迁移学习的目的是从一个或多个源任务（source tasks）中抽取知识、经验，然后应用于一个目标领域（target domain）当中去，因此迁移学习的核心就是我国传统教育思想中一直强调的"举一反三"的能力。虽然目前人工智能研究领域试图使计算机也具备迁移学习的能力，但从总体上看，迁移学习仍然是人类思维区别于计算机人工智能最显著的一个特征，也是互联网时代的学生应该重点培养的能力，同样也是互联网时代课程教学最重要的教学目标。

慕课混合式教学目标的侧重点是在提高学生在互联网背景下的探究性学习能力，避免死记硬背地识记和运算，帮助学生摆脱应试教育中学习是在限定时间和孤立空间内完成的个人行为的思维，培养学生能够在网络空间的弹性时间内通过共享的知识库和社交网络自律地进行自主学习，从而提高分析能力、问题导向思维能力、批判性思维能力、迁移学习能力、团队协作能力等。

（三）基于慕课的高校混合式教学学习者特征

由于慕课混合式教学的一个重要意义是增加教学过程中的差异化教学和个性化教学的比重，在慕课混合式教学系统设计中，对学习者特征进行分析是需要重点分析研究的方面。特别是由于很多高校将慕课混合式教学率先应用于通识教育的素质选修课教学中，而高校全校性通识教育选课最大的特点就是没有学院和专业的限制，同一门课程的选课学生来自文科、理科、工科等不同的学院和专业,因此如何有效地进行学习者特征分析,采集并分析学生的相关数据,根据学生情况进行合理分类,设计适当的团队分组原则,是慕课混合式教学学习者特征分析的主要目标和意义。

第一,专业背景。专业背景是学生所在的学院专业的客观信息,一定程度上可以反映学生的知识结构,而且在慕课混合式教学中为了提高教学效率,所有的客观数据都应该从教务系统中自动同步。

第二,知识结构。学生的知识结构可以参考其专业背景来分析,但是需要注意的是,当前学生的知识结构越来越多元化,因此不能机械地用专业背景来推断学生的知识结构,可以通过问卷调查和小测验的形式收集并分析学生的知识结构。

第三,兴趣爱好。兴趣爱好往往对学生的学习动机和积极性产生较大的影响,特别是在面向差异化教学和个性化教学的教学设计中,根据学生的兴趣爱好有针对性地组织教学内容并引导学生进行探究性的学习是教学设计的主要目标。兴趣爱好可以通过问卷调查的形式收集数据。

第四,自评。自评的含义是要求学生在正式开始课程学习之前,通过填写教师设计好的问卷,对自己当前的知识结构和能力水平进行自我鉴定与评估,帮助学生正视自己的现状,分析自己的特长和短板,以便在学习过程中有针对性地弥补自身存在的知识短板。

第五,认识同学。慕课混合式教学的一个重要特点就是强调互联网环境中的团队协作式学习,避免出现很多教育专家担忧的慕课让学生学习过程更加孤僻的问题。团队协作的前提是认识和了解同学和可能的队友,因此,学生的专业背景、知识结构、兴趣爱好、自评数据等信息应面向全班学生公开,让学生在充分认识自己的基础上充分认识同学,引导学生思考如何在团队学习过程中充分发挥自己的特长,并且能够积极与团队成员进行合作,最终通过课程学习提高学生的沟通交流能力和团队协作能力。

第六,痛点分析。与教师对混合式教学设计的痛点分析的目的类似,学生在开始课程学习之前也应该对自己学习该课程的痛点进行分析,从而让教师能够进一步掌握学生的特征,帮助学生在学习过程中重点解决痛点。以高校一门与信息技术相关的通识教育课程为例,通过问卷调查分析可以看出,文科学生的学习痛点是担心课程内容太难、学不会,而理科和软件相关专业的学生担心课程内容太浅,会导致浪费时间,所以在教学设计中如何满足不同专业背景和知识结构的学生的学习需求就是教学设计重点要解决的问题。

第七,性格特征。除了显性的专业背景和知识结构等信息之外,学习者的性格特征往往更难以察觉,在传统教学中对学生性格的分析往往也会被忽视。但是在强调团队协作的混合式教学中,学生的性格特征是非常关键的因素,有可能会影响学习团队内部的合作和协调,因此了解学生的性格特征是教师对学生进行有效的沟通、交流和辅导,以及合理制定团队分组策略的重要依据。需要特别注意的是，由于人的自我防御机制，直接的问卷往往难以获取被测者真实的数据，因此可以使用专业的心理性格测试问卷对学生进行性格特征分析。

第八，学习者特征分析的技术要求。传统的教育研究往往基于大量的问卷调查，在当今云计算、大数据、移动应用技术全面普及的时代，如果仍然沿用纸质问卷+人工整理，或是网络问卷+人工整理的形式，都会显得非常不合时宜，使教师和助教完全没有从机械的手工劳动中解脱出来，教学效率不但难以提高，反而会因为对学习者特征分析的细化而进一步增加工作量，因此在慕课混合式教学系统中，基于移动 App 前端界面和自动处理数据并生成数据可视化报表的后台数据处理系统是进行学习者特征分析的先决条件。具体的形式和操作流程是，教师通过教学 App 发布问卷，学生用手机就能完成填写和提交，提交后的数据自动生成可视化报表，教师可以通过后台管理平台进行进一步分析，学生可以直接在手机中查看与自己有关的报表（如个人和同学的兴趣与能力雷达图）。具体的技术实现，有条件的学校和教师可以自主设计并开发 Web App，也可以使用一些慕课平台内置的问卷和数据统计功能；没有条件的学校和教师可以充分利用互联网中的在线问卷网站服务来完成。

四、基于慕课的高校混合式教学环境

慕课混合式教学打破并重构了传统校园课堂教学的时空结构，导致学习环境与传统教学相比更加多元、更加复杂，因此混合式教学的学习环境设计必须有全局性和系统性的考虑，在建设和完善校园教学环境的基础上，充分利用社会资源和互联网资源，将各种资源合理有效地整合，形成基于互联网的混合式学习环境，共同为达到教学目标服务。

打造支持新型教学模式的信息化生态环境，构建智慧教学环境已经成为高校信息化建设的主要目标，各高校应该推进智慧校园建设，不断完善无线校园网覆盖，建设智慧教室，开发慕课课程，构建全方位的教育云，综合利用互联网、大数据、人工智能和虚拟现实技术探索未来教育教学新模式。在智慧教室的设计中遵循"以人为本"的理念，高度关注用户的环境体验、活动体验、情感体验、思考体验和关联体验，以创新人才的培养为目标和核心，构建创新型智慧教学环境，为师生提供轻松舒适的学习环境和全媒体的信息获取渠道，打破教学沟通的壁垒，通过发挥教师的主导作用，实现学生的主体地位，促进以教师为中心的课堂教学模式向"以学生为中心，以教师为主导"的智慧型教学模式转变，从而实现学习者在学习过程中的地位由被动向主动转变，学习过程由以记忆为主的知识掌握向以发现为主的知识建构转变，知识的习得由个人的、机械的记忆向为社会的、互动的、体验的过程转变。高校在教学信息化建设过程中应注重秉承以教学为中心，深入教学内容，紧密结合教学过程，创新教学模式的理念，全力推动信息技术与教育教学深度融合。

在基于慕课的教学改革过程中将注重线上与线下相结合，通过翻转课堂改变教学方式，并改变学生的学习习惯和学习模式，使知识传递形式更加多样化、可视化、立体化。从教师"教"的角度，加速信息类聚、整合理解、迁移运用、批判思维和知识构建等，促进学生"深度学习"；从学生"学"的角度，逐步从"要我学"转变为"我要学"，最终有效缓解教育需求差异化、个性化问题。高校在推动慕课和翻转课堂等信息化教学模式的过程中还要同步提高教师的信息化教学应用能力，构建校本教学资源库，促进传统课堂教学模式向线上与线下混合的翻转课堂教学模式转型，从而进一步提高学校的人才培养质量与水平。

（一）网络环境

慕课混合式教学所需的网络环境包括校园网络和外部互联网，并且特别强调无线网络（Wi-Fi）和手机移动网络（4G\5G）的接入，需要从多个方面进行整体的网络环境构建和优化。首先学校应该积极构建层次分明的校园教学网络，校园网的意义和价值不应该是简单的校园内接入互联网的接口，重点不应该是提供通用的互联网接入服务，而是应该将主要的带宽和资源用于保证教学相关的需求，并且合理划分网络层次，能够根据教学需要随时限制或断开与教学无关网络的访问。校园内的教学环境包括教室、实验室、图书馆。应该积极建设校园无线网络，确保学生能够在混合式教学中充分使用个人笔记本电脑和手机等 BYOD（自带设备）终端实现实时的信息检索，并通过移动教学 App 与教师和同学进行交互。校园无线网同样需要对非教学流量进行限制，通过限流保通的机制保证大量学生并发接入时都能够正常访问教学资源。除了学校自建的以教学应用为导向的校园网之外，在当今智能手机全面普及和移动网络资费不断下降的背景下，学校应该加强与手机通信运营商的合作，引入运营商为学生提供适合学生网络化学习的流量资费套餐，让学生能够随时随地访问教学资源。

（二）学习社区

学习社区包含课程的分组团队和互联网中的虚拟学习社群，教师对课程学习社区的营造和管理是慕课混合式教学的核心教学形式之一。教师在通过即时通信软件建立基于腾讯QQ群、微信群聊的网上学习社区后，要注重经常保持在线与学生进行交流沟通，营造良好的网上学习氛围，具体的注意事项包括以下方面：

第一，教师应该尽可能地保持在线，实时反馈学生的问题，因为慕课混合式学习的特点是学生往往会在晚间和周末等没有课堂教学的时间进行慕课的学习和思考，因此教师在这些非传统的工作时间段与学生的交流就显得非常重要。

第二，需要特别注意的是，要求教师保持在线并不是要延长教师的工作时间和增加教师的工作量，只需要教师保持一种与学生真诚沟通的心态即可。因为现代人对手机的使用黏度越来越高，很多人平时都加入各种好友、兴趣、社区、同事等群聊，并且对自己关心的群聊都能随时保持关注和参与，所以在混合式教学的学习群中，教师只要能够像对待自己的个人兴趣群一样对待课程的交流群即可。

第三，教师在课程交流群中的主持、调动、引导作用远比传统意义上的答疑作用更重要，在慕课混合式教学实施过程中，不同学生的问题往往比较雷同，在回答一次之后就可以将该问题汇总发布到网上的常见问题与解答（FAQ）之中，今后再有学生提出类似的问题就可以让学生自己查询。经过一轮教学过程后，FAQ的内容越来越完整，教师的工作量会逐渐减少。但需要注意的是，即使是简单地回复学生去查FAQ，这种实时的回复也非常重要，因为实时反馈可以有效体现教师对学生的人文关怀，消除学生对教师的心理隔阂，能够有效培养学生的学习积极性和自主探究学习能力。因此，教师参与网上学习社区特别要避免采用定时答疑形式，以免给学生产生例行公事的印象，从而减弱学生参与学习社区交流的积极性。

第四，在慕课混合式教学中教师可以观察并挑选学习积极性高、学习理解能力强的学生作为团队分组的组长，在网上学习社区中培养骨干学生，通过骨干学生在学习小组中传达教师的教学要求并协助教师进行答疑，通过生生交互进一步提高混合式教学的效率，并培养和锻炼学生的协作学习能力。

（三）混合式教学实验室与智慧教室

慕课混合式教学除了线上的慕课资源外，还需要有线下的学习环境，根据慕课混合式教学的教学目标，传统的多媒体教室已经不再适合团队分组教学和探究式学习的需要，因此学校有必要根据自己的课程特点设计并建设满足慕课混合式线下教学需要的实验室和适应团队分组讨论的智慧教室。混合式教学实验室主要的作用是开展教学内容线上无法完成的实验操作，除传统的实体实验室外，学校还可以考虑建设基于虚拟现实和增加现实技术的数字化实验室。

能够满足分组讨论、智能手机和终端接入、网络远程交互的智慧教室是今后各高校实施慕课混合式教学需要重点建设的教学环境。目前高校的教学环境还是以讲授式的课堂为主，虽然大部分教室已经配备了多媒体教学设备和网络接入，但从总体来看教学模式仍然是传统的课堂讲授，投影机等多媒体教学设备的作用更多是"黑板粉笔搬家"，学生在课堂内的信息来源渠道单一、参与度不高，更多是对教师讲授知识的被动接受，高校生从基础教育阶段延续而来的应试学习思维普遍存在。因此信息化教学如何适应培养创新型人才的要求，成为下一步教学环境设计和建设的首要问题，需要通过基于智慧课堂的教学引导学生积极改变知识接受者的角色，紧密围绕创新创造能力培养这一主线，进一步深化，进而内化自己的知识，将其转化为自身的创新创造能力，从而实现"知、行、创"的统一。

（四）社会实践环境

慕课混合式教学中除了实验实训以外，绝大多数内容可以通过网络在线开展，因此教师应该认真斟酌线下教学活动的设计和组织，如果设计不当，很有可能会把完全可以在线上完成的内容又搬回线下，最终演变为"为了线下教学而线下教学"或"为了混合而混合"，导致混合式教学沦为一种新的僵化的教学形式，从而失去混合式教学的价值和意义。因此，在目前高校生普遍缺乏社会实践经验，国家大力倡导高校生创新创业能力培养的背景下，慕课混合式教学的线下教学走出校园，深入社会，让学生在社会实践中深化对课程教学内容的理解，应该是各高校混合式教学设计的方向。

五、基于慕课的高校混合式教学管理平台

线上和线下活动的深度融合和互相促进都需要软件的支持。支持混合学习的功能如果分散在多个不同的软件中，对教师和学生而言则需要熟悉多个软件；此外，由于数据难以集成，教师还需要综合分析多个软件中的数据才能充分了解学生的学习情况。因此，一个能充分支持线上和线下学习的 MOOC 平台是混合学习成功与否的重要因素。新的学习空间应该是智慧的、支持混合学习的、虚拟与现实融合的空间。学习空间既包括传统的线下物理空间，也包括虚拟的网上学习空间，两类空间应能通过软件实现融合。线下的物理空间需要增加感知和互动设备等硬件，这些硬件设备应能够被软件管理，且软件应与线上学习的学习管理平台统一或集成。这样线上线下的学习均能通过一个或者多个互相集成的软件进行无缝管理，支持混合学习活动更好地开展。

（一）混合式教学中不同主体的慕课平台需求

混合学习的活动包括线上和线下两部分，都需要学习管理平台的支持。目前并没有充分支持 MOOC 与 SPOC 融合的学习管理平台，本书将从教师和学生的需求出发，分析学习管理平台应该提供的主要功能。

学习管理平台主要包括三类角色，分别为管理员、教师和学生。其中学生角色又分为两种：一种为注册的学习者；另一种为访客角色，并相应提供对应的模块。

1. 慕课平台学习者的需求

在混合学习情景下，平台通常需要为注册的学习者提供以下五个方面的功能：

（1）选课功能。选课功能主要包括选课、退出课程、分享课程等。此外还包括课程开课提醒、根据学生学习过的课程类型和名称等推荐课程信息等。

（2）个人信息管理功能。个人信息管理功能包括通过多种方式注册和登录（如通过邮箱、社交网络软件接口、手机号等方式），以及确认或找回密码时可选择邮箱、手机验证码等方式，个人头像、邮箱等设置。

（3）线上学习功能。学生选课成功后进行课程学习——能够阅读学习资源并能进行交互。具体而言，学习者需要能方便地获取学习资源，随时随地阅读资料，以及与教师和其他学习者进行讨论；能方便地了解（主动查看或推送获得）课程的安排、近期需要完成的学习任务；在完成学习任务的过程中，能了解自己的学习进展和其他学习者的进展（完成度和排名等），能及时获得学习情况的反馈（具体的反馈意见），包括完成任务后及时给予的鼓励；学习遇到困难时可以通过讨论区、课程反馈等方式获得关注，当困难较大时，能获得更多的关注甚至一对一的帮助；发现问题能够及时反馈，并且知道所反馈问题的被关注情况。此外，学习方式支持个人学习和小组学习，前者的学习任务要求每个人单独完成，而后者的学习任务则是以小组方式完成或提交。

（4）线下学习功能。线下学习功能主要是围绕课堂教学活动的相关功能，包括考勤、查看课堂活动安排、反馈课堂感受、参与课堂活动、查看课堂活动的表现等。具体而言，包括签到、查看课堂活动的具体安排，可以反馈课堂教学的具体感受（匿名或实名方式）；能够查看每次课堂活动中本人的表现和其他同学的表现等；能够提供课堂提问功能，手机提问功能为不习惯当面提问的学生提供了一种课堂互动方式。

（5）课程成绩与证书申请功能。能够查看线上活动和线下活动的成绩组成及各项得分，并能够进行证书申请。

2. 慕课平台教师的需求

从任课教师的角度来看，学习管理平台应提供如下方面的功能：

（1）开设课程和课程设置。在平台中开设一门或多门课程，能够对课程的基本信息进行设置。课程可设置为 MOOC 或 SPOC 方式。

（2）学习资源管理。能够发布和管理课程的所有学习资源，包括视频和非视频学习资源以及作业、试题库等；能设置学习资源的属性，如截止时间等。

（3）选课学生管理。能查看本课程的所有学生信息，并能根据学生的属性查看特定学生。可以设置课程的助教、设置学生分组信息以及给指定学生发通知或邮件。

（4）线上学习活动管理。设置课程成绩的组成部分并设置每个部分的具体计算方式，查看每个学生的实时成绩，并可根据每个学生的学习进展，通过站内信或邮件等对指定学生发送学习提醒等。

（5）线下学习活动管理。教师在开展线下教学活动时需要解决学生在线上遇到的问题，例如，需要对一些重难点内容进行强化提升，对不能及时完成学习任务的学生要给予提醒和激励，对表现较好的学生则需要进行表扬，激励其持续保持。因此，教师在开展面对面教学活动时，需要获得如下信息：

第一，学习任务节点的行进程度。了解每个任务点学生的完成情况，如哪些学生已经完成、哪些没有完成、哪些学生完成且质量高等。

第二，每次作业和考试的得分情况。了解哪些作业和测试题普遍掌握较好，而哪些普遍掌握得不好。

第三，每个学生的学习情况如何。例如，能够查看每个学生的各章知识掌握情况。

第四，讨论区中学生关注的内容。例如，根据阅读量、回复量和点赞数，对讨论区的主题进行排序，可以搜索包含特定关键字的帖子等。

3. 慕课平台管理员的需求

在混合学习情境下，管理员角色除了具有教师角色的所有功能外，还应具有如下功能：

（1）用户管理。设置学生、教师、助教等角色的功能权限。SPOC 课程还需要实现与教务系统或者学工系统的对接，自动获取教师、学生和班级等。

（2）首页管理。设置课程首页的显示内容。

（3）开课管理。审核新建的课程、复制课程。

（4）统计分析。平台中所有课程的统计及排名。例如，可按照学期、时段、学校、班级、课程等多种条件查询统计平台中的统计数据，如注册人数、在线人数、课程数、上传资料浏览次数等。

（5）接口管理。与外接的各类软件系统的接口的管理。

（二）混合式学习中的慕课平台功能模块

1. 课程制作功能模块

课程制作模块为教师提供新建课程和设置课程各类资源的功能，为学习做好准备。

（1）新建课程。新建课程包括课程名称、所属学科、公开性、开放时间、持续时间、授课教师、课程简介以及课程学习模式等。课程学习模式可以分为自由学习和闯关模式等类型，在自由学习模式下，学生可以访问课程的任何资源；在闯关模式下，学生需要在完成前一个任务点的学习任务后，才能进入下一个任务点的资源。

（2）课程基本信息设置。课程发布之后，课程的各类信息通常仍然可以进行修改。根据需要，有的平台在课程审核通过后，开放时间等信息不允许进行修改。

（3）课程资源管理。

第一，章节设置。设置课程的知识结构，共包括多少章，每章包括多少节，以及章节的先后逻辑关系。章节设置完成后，课程的具体资料均应对应到某一个章或某一节中。

第二，视频管理。快速上传视频的功能；编写视频的简要描述，设置播放视频到某时间点时弹出交互式问题，回答正确后继续播放；视频查找和删除，设置是否允许拖曳、快进等处理，以及设置视频的开放时间、观看方式（自由播放、闯关播放）。有的平台提供视频制作功能，通常利用用户的摄像头录制教师讲解的视音频、屏幕操作的视频，并可根据需要将屏幕录制的内容或教师形象作为视频、将教师语音作为音频，并可增加字幕，从而合成为教学视频，直接存储在平台中。

第三，题库管理。支持多种类型的试题编辑，如单选、多选、判断、问答等题型，可设置每道题的答案、试题对应的章节和知识点；测验中能够插入视频、音频、图片和文件等。可以根据相关格式，上传已经制作好的试题文件。

第四，作业以及评分标准管理。创建作业、作业简介，设置起止时间、作业成绩分值和提交次数等；设置作业的评分方式，包括教师评阅、学生自评或同学互评。互评可以选定参与互评的学生范围，如特定的班级内开展同伴互评，可设置固定或动态的互评任务；能制作或上传作业的评分标准文件；能够查看学生是否完成了互评任务，以显著方式突出显示未完成互评任务的学生。作业可以直接录入，如各类客观题、主观题、实践操作题等；也可以从题库中选择作业。

第五，非视频学习资料管理。其他非视频的学习资料，内容可以是除视频之外的学习资料，如教学课件、技术发展动态、实验指导书、案例分析等，形式上可以是图片、演示文稿、字处理文件、动画、网址链接等多种形式。另外也支持这些文件的上传、下载和删除等操作。

第六，测验管理。提供试题模板；可以手动或自动组卷；可以从题库中选择也可以新建试题；可以设定测试的开始时间、截止时间、允许测试的时长、考试试题分值、考试试题批改方式、成绩公布方式、公布时间、允许考试的次数以及计分方式（按最高分或平均分或最后一次的成绩）等。根据需要，测试可以是视频中或结束后的即时测验，也可以是各章学习完成后的章节测验，以及期中和期末测验等；能够设置每次测验占课程成绩的比例；提供防止作弊功能，如可设置随机组卷（试卷中试题的顺序随机）、随机选项（同一道题的顺序随机），测验过程中要求输入个人私密信息以确认为本人等。

（4）关卡设置。若课程采取闯关式，则需要设置哪些课程资源为必学以及是否有分数的限制等。例如，对于没有看完视频的学生，教师可以根据需要设置是否给予提醒或要求必须看完视频，才能进行课程测验，或者设置一定条件（如课程测验得分大于60），满足后才允许不看视频就做作业和练习。

（5）公告与通知管理。设置公共的通知信息，也可设置针对特定学生的通知信息，通知方式包括在平台内提醒和邮件通知等方式。

（6）讨论管理。设置子讨论区，添加讨论主题，回复帖子、点赞帖子、置顶帖子等。能够建立分章节或分板块的子讨论区，讨论区可以设置为实名或匿名方式。

（7）学生管理。可以查看选课学生的信息，可根据关键字排序或搜索。可以按某种依据将部分学生归为一个组或一个班。

2. 线上与线下融合学习功能模块

（1）选课模块。

第一，学生角色：包括报名选修课程、查找课程、课程进度提醒等。例如，在课程平台中输入关键字，即可搜索与关键字匹配的课程列表，选择某一门课程后，可以查看课程的基本信息、开始时间、选课人数和课程进展等信息。

第二，教师角色：查看选课情况、设置课程的助教等。例如，可以查看选课学生的信息，根据职业、国籍、地区、年龄等特征筛选一门课程中选课学生的信息。SPOC功能需要增加批量导入学生信息等功能，并能按照学校、院系、专业、班级查看学生信息，以及设置学生分组信息等。

（2）个人中心。

第一，学生角色：可对个人密码、密保问题和头像等进行设置；可显示平台中的总体学习统计数据，如选修课程数、获得证书数、访问次数等；可查看已选修的课程列表及课程进度等。

第二，教师角色：可对个人密码、密保问题和头像等进行设置；可设置个人简介；可显示平台中的总体开课统计数据，如开课课程数、发放证书数、访问次数等；可显示已开设的课程列表及课程进度等。

（3）学习提醒。根据系统默认或教师设置的提醒事项，在教师和学生登录后的课程主页自动提醒，包括课程开课进度提醒、学习任务提醒、课程资料更新提醒等。

第一，学生角色。学生登录平台后，在课程主页的公告提醒区显示提醒事项，督促学生及时完成相关学习任务。重要任务还可通过邮件提醒。提醒事项包括最近要完成的若干任务，例如"3天后（5月8日）作业2截止"；也包括讨论区的发帖有人回复时的提醒，例如，"您的帖子'误删除的文件如何找回'有2个回复"。此外，还可以根据学生的得分给予学生相应的提醒,例如,得分较高的告知其本次得分的排名,或给出最高分及最低分,例如"本次考试成绩超越了24%的同学"。

第二,教师角色。设置本课程的自动推送内容和推送对象(全体对象、指定的某个班级或某些学生),可查看提醒的阅读情况。

(4)观看视频。

第一,学生角色:播放视频、设置播放速度、全屏观看、视频断点续播或上次播放记录提醒。观看视频时针对视频进行讨论、记笔记,并能够及时发表纠错信息或建议。

第二,教师角色:具有学生的各项功能,并能查看每个视频的访问信息统计(次数、时长)和纠错信息等。

(5)学习非视频资料。

第一,学生角色:阅读PDF、Word、PPT等非视频格式学习资料。观看时能够方便地发表纠错信息或建议。

第二,教师角色:查看资料阅读的统计信息以及纠错反馈信息等;调整学习资料的属性,如开放的起止时间、是否为闯关节点等。

(6)学习笔记。

第一,学生角色:在线记笔记功能——在学习每个视频或非视频资料的过程中做笔记,笔记按章节汇总,可对笔记情况进行分享和导出等。

第二,教师角色:查看学生笔记情况,进行点赞或评论。

(7)提交并互评作业。

第一,学生角色:查看测试的属性,如起止时间、占成绩的比重等。提交作业后,能看到作业的正确答案说明,以及作业的评分和评语;可以查看本次作业的示范作业。如果作业设为互评作业,则将收到互评任务,可对需要互评的作业进行评分和评语。如果设置为动态互评方式,学生将再次收到其他互评任务。如果逾期未交,且教师设置"补交"后,学生仍可提交作业。

第二,教师角色:可以修改作业的属性。查看作业的提交和批改情况,进行催交(向未交学生发送定向提醒,对作业进行评分,提醒没有互评的学生尽快互评,将优秀作业设置为公开的示范作业等。教师可以选择未交学生进行"补交"设置。对于补交的作业,教师通常不予评为优秀级别。

(8)参加测试。

第一,学生角色:查看测试的属性,如起止时间、可尝试次数、占成绩的比重等。测验开始后进行计时,测验结束后答题情况反馈,包括每道题的对错情况、得分情况以及成绩查看功能,测验后立即显示测验成绩。如果设置为定时公布成绩,则需要等到定时时刻才能公布，系统公布成绩时应能自动提醒。

第二，教师角色：可设置测试的属性；有每道题的答对与答错统计，例如，本次测试按答错率倒序排列，统计出哪些知识点答错率高等。通过图表等方式直观表现统计数据。

(9) 参加讨论。

第一，学生角色：可以查看讨论区的统计信息，如发帖数、回帖数、点赞数等；选择子讨论区进行讨论，包括发帖、回复、点赞和查询等。当输入标题时将自动显示已发表的相近帖子，提醒用户可以直接查看该帖子而无须再发新帖。发帖被回复时在课程首页能得到提醒。

第二，教师角色：具有学生的所有功能；还可对学生在讨论区的表现进行评分，可以删除帖子、设置置顶等。

讨论区是目前大部分学习管理平台为师生提供的社交功能。除讨论区外，少数平台提供在线会议室形式的实时讨论。在 Open Learning 等学习管理平台中，是将讨论与学习功能融合，营造平台内部在社交中学习的效果。例如，可以发布自己的视频、文档等内容到全平台中；可以授权所有学习管理平台的人员或者特定课程的人员访问，使得学习管理平台成为学习和生活相融的社区。通过分享及获得关注，促进学习者对平台的"黏度"，也有助于提升学习课程的积极性。

(10) 线下活动支持。线下活动模块支持教师设计和开展线下教学活动，方便学生在线下与教师进行及时互动。

第一，学生角色：考勤签到；查看自己在线下活动中的得分及排名等；能够通过学习管理平台及时提问和及时反馈自己的感受。

第二，教师角色：一是按需、便捷地获取学生学习情况数据，包括本次课程总体学习情况、指定学习任务节点的学习情况。学习情况包括进度等"量"的数据，也包括得分等"质"的数据。二是考勤。支持课堂上通过自动、手动方式记录学生出勤情况，可以修改出勤数据。三是记录学生的课堂表现。这包括学生的学习状态（如积极、中等、消极），回答问题的次数和正确数，小组活动的参与情况及得分等。四是收集和查看学生对课堂教学的效果反馈等。可以设置学生反馈问题的表单、设置表单的选项、查看学生的反馈及统计等，方便学生提问和反馈对课堂教学的感受及评价。五是随堂测试。设置在课堂内某个时间段内完成的测试，可设置测试题为出错多的题目。测试提交后，师生能掌握每道试题的具体数据。六是作品（作业）展示。设置学生作业为公开状态，并在课堂中展示学生作业，学生可对作业进行投票打分等。

3. 学习评价功能模块

（1）成绩管理。

第一，教师角色：查看和设置课程学习的评价规则。能够查看课程班级中所有学生的成绩排名及具体数据，包括定制学生成绩构成的比例，可以将学生观看视频、作业、测验以及参与讨论等学习活动分别设置一定的成绩比例计入课程总成绩；每种学习活动均可设置评分细则；成绩可以导出成 Excel 等格式；可以根据不同的班级类型，设置不同的成绩组成部分和比例。

第二，学生角色：学生能看到学习评价规则、课程总成绩及成绩各组成部分的具体得分情况；也能看到本人在课程班级中的位置和变化情况，以及每一个计分部分的具体得分情况。

（2）证书管理。

第一，学生角色：学生能看到自己是否通过了某课程，可以申请证书或者因符合获取证书的条件自动获得证书；能查看在学习管理平台中获得的所有证书。

第二，教师角色：设置获得证书的条件和证书的样式；查看获得证书的学生信息。

4. 数据分析及预警功能模块

大量 MOOC 学习者并不能按时完成学习任务，对于 SPOC 学习而言，尽管课程完成度高，但仍然有少量学生无法通过课程测试，也有相当一部分学生的学习成效需要提升。因此，分析学习过程和结果的数据，改进课程的教学设计，较为准确地"锁定"需要关注的学生并给予早期预警和针对性的指导等是十分必要的。

数据分析需要收集并分析课程的各类数据，为师生提供可视化的学习情况分析报告。通常以数字和图形图表等方式显示。其中，折线图、饼图、仪表盘和雷达图等是比较常用的图形图表，可以直观呈现学习的相关数据。

从数据的处理方式来看，学习分析报告的内容包括两个层次：一个层次是基本的统计数据，即学习总体情况及各类学习活动情况，如学习任务的总体完成情况、视频观看情况、作业情况、测验情况、讨论情况等，通常呈现百分比、具体数值或排名等。学习分析报告的更高层次的内容是对数据采用机器学习等方式进行分类、聚类和预测等。

从数据的服务对象来看，学习分析的数据可以从以下三个视角提供数据服务：

（1）学生视角：学生用户能够分析自己的学习特点与学习方式，预测线上学习成绩，并得到早期或中期预警；向学生个性化地推荐学习路径和学习资源。

（2）教师视角：教师用户能够查看本课程学生的行为画像，即分析不同类型学生的学习行为特征，从而发现优秀学生和需要特别帮助的学生，有助于推广优秀学生的学习方法，针对性地帮助学习困难的学生；分析课程资源的使用情况和学习任务的完成情况，如哪些内容被反复观看、哪些测试通过率低、哪些试题错误率高、普遍掌握困难的内容具有哪些关系等，有助于了解课程资源的品质和定位需要改进的内容。

（3）教学管理者视角：教学管理者可以通过平台的管理员角色获得相关功能，如查看平台中所有课程的共同特征，如课程的报名人数、访问次数、课程完成率等；查看平台中学习者的总体特征，如年龄特征、学习时间特征、测试尝试次数和任务完成时间等。

5. 基础管理相关的功能模块

（1）模板。为各类应用提供模板和示范，如提供评分标准 Rubric[①] 的模板、课程简介的模板等。

（2）用户管理。可以注册新用户、批量导入 SPOC 用户等。

（3）角色与权限管理。将用户设置为教师、学生、教师助教、学生助教、管理员等不同类型的角色，每种角色默认设置相应的权限。

（4）文件管理。几乎每个模块中都涉及文件管理，包括文件的上传、存储、检索、删除和下载等。

（5）搜索。各功能模块中的搜索功能，包括在平台中搜索课程、帮助信息；在课程中搜索学习资源，如视频和非视频学习资源、作业、测试等。

（6）超文本编辑。各功能模块中的超文本编辑功能，包括文本编辑、样式设置、超链接设置，以及图像、音频、视频等文件管理功能。

（7）多语言切换。支持用不同语言展示学习管理平台界面中的文字，通常应支持中文和英文方式。

（8）日志管理。系统自动对重要操作进行记录，如用户的新增、删除等以及课程的创建与删除等。

（9）帮助。关于如何使用平台的说明，包括帮助文档、案例，提供搜索功能。

6. 对外接口功能模块

（1）移动端的功能支持。随着智能手机等移动智能设备的普及，青年学习者更倾向于使用手机来上网。因此支持混合学习功能的学习管理平台也必须提供相应的移动端，如移动 App，为学习者随时随地开展学习提供支持。移动 App 的功能应该与桌面端的学习管理平台功能基本相同，且数据保持同步。一些较为复杂的功能可以仅在桌面端实现。

（2）对外接口及系统集成。学习管理平台可以通过对外集成其他应用系统，实现功能的扩展和数据的交换。

---

① 创造性思维评估标准。

第一，与学校内部统一身份认证平台，实现校内统一身份认证。

第二，集成邮件系统和第三方广泛使用的社交系统（如微信），实现注册、密码找回、信息提醒等功能。

第三，与教务系统等集成，实现成绩自动录入教务系统中。可以将学习管理平台中的成绩直接录入教务系统中，减轻教师的工作量。

第四，与招聘平台对接，根据市场的人才需求、学生的课程学习情况以及课程对应的专业领域，自动匹配出相关岗位，向用人单位进行推荐；同时也可根据课程学习情况向学生推荐适合的岗位，实现学生与就业岗位的双向匹配和推荐。

第五，对外集成社交网络系统，使得学习者可以将学习过程中的各类活动和心得等分享到其他社交网络系统，如微信、腾讯QQ、人人网和微博等。

第六，对外集成防作弊系统，可对作业等进行重复性检测；可以在测试等活动的过程中拍摄用户面部以识别是否为本人等。

第七，对外集成教学游戏，使得学习活动的过程以游戏方式进行。完成作业等学习任务就相当于闯过游戏的一个关卡，将获得游戏中的积分等奖励，从而促进学生的学习积极性。

（3）性能的需求。性能方面需要有友好直观的用户界面，无须培训即可使用，同时导航清晰、帮助和模板等齐全；支持虚拟化、分布式和云存储式部署，在硬件保证的前提下支持高并发访问等；适应多终端，支持PC端和移动终端，并支持Android和iOS等不同操作系统的移动终端。

（4）较好的客户服务支持。良好的客户服务能让产品的满意度有所提升。用户服务包括软件的定制开发、基础数据的维护、用户使用过程中各类问题的及时解答和处理等。对于一款功能复杂但缺乏用户服务的产品与一款功能普通却提供良好服务的产品，用户可能会选择后者。

（三）混合式教学的慕课个性化管理平台

学习管理平台应能支持个性化学习，包括学习内容的个性化、学习顺序的个性化、学习时间的个性化、指导的个性化等。目前，学习管理平台通常能不同程度地支持学习时间的个性化和学习顺序的个性化。例如，学生通常能够在教师规定的时间内自己安排学习时间；可以在课程的章节内容中自主选择学习的内容及先后顺序。但对于实时、动态的个性化指导和学习内容推荐，需要根据学生的学习情况和特征，动态推荐下一个学习内容和针对性的指导意见，目前还没有成熟的MOOC平台能够支持。

个性化学习平台要从课程知识点划分、学生特征收集、数据分析及资源推荐四个层面进行考虑，这四个方面的功能构成了个性化推荐的原型系统，通过接口实现与现有学习管理系统的对接，可以根据学习者当前的学习状态，推荐下一个学习内容——知识单元，从而提供个性化的学习路径和学习资源。

1. 学习内容的分级与属性标注

为了保证课程知识单元划分合理，需要利用学习平台外的资源库对知识点进行验证，如通过搜索引擎等途径获得的规划教材目录、国家和国际上相关内容的标准、全国性或区域性统一考试的试题等内容。

每个知识单元标注上相关属性，所有的视频、非视频资源、试题、作业等都需要进行标识，但标识的属性略有差异。例如，视频资源的属性包括"标题""内容简介""关键字""先导知识单元""后续知识单元""重要级别""难度级别""相关知识"等。作业的属性还需要包括"答案""评分标准"等。具体地，如某个视频标题为"计算机网络的分类"，内容简介为"按照地理范围、节点间关系、协议、带宽、拓扑结构等可分为多种类型"，关键字为"网络、分类"，难度级别为"低"，前导知识单元为"计算机网络的概念"，后续知识单元为"计算机网络的传输介质"。

2. 相关学习数据的收集整理

在规范的教学设计中，教学设计者需要在课程开始前获取学生的特征，从而针对性地设计教学活动。在个性化学习中，我们更加需要根据学生的特征和学习结果推荐学习资源。因此，获得足够的学生特征和学习结果数据，并且进行整理是实现个性化学习的前提。

（1）学生特征的组成。学生特征通常包括如下三个部分：

第一，学生的初始能力。学生的初始能力可分为三个方面：预备技能——是否具备了新的学习所必须掌握的知识与技能，作为从事新学习的基础；目标技能——对新学习内容的目标技能的掌握情况，了解学习者是否已经掌握或部分掌握教学目标中规定的知识和技能，这有助于确定内容或建立教学起点，对已经掌握的内容，显然没有必要将其列入学习计划中；学习态度——对准备学习的内容的认识与态度，检查是否存在偏爱或误解。

第二，学生的一般特征。学生的一般特征指学生心理发展的年龄特征，即心理在一定年龄阶段中具有的一般的、典型的、本质的特征。学生的身心、智力、思维、情感、意志等方面的发展都是具有年龄特征的。例如，高校生在智力发展上呈现出进一步成熟的特征，思维具有更高的抽象性和理论性，并由抽象逻辑思维逐渐向辩证逻辑思维发展；成人学习者一般学习目的明确、实践经验丰富、自学能力较强、注重教学效率，希望与教师共同承担教学责任。

第三，学习风格。学习风格是学生持续一贯的带有个性特征的学习方式，是学习策略和学习倾向的总和。学习策略指学习方法，而学习倾向指学习者的学习情绪、态度、动机、坚持性以及对学习环境、学习内容等方面的偏爱情况。学习风格的构成有生理、心理和社会等层面的因素。学习风格有多种划分方式，如分为"场独立型"与"场依存型"，前者类型的学生具有较强的学习动机和学习主动性，更喜欢独立思考，后者类型的学生则具有较弱的学习动机，更喜欢通过交互的学习活动获得知识。再如，可以将学生的学习风格分为"冲动型"与"沉思型"，"冲动型"的学生倾向于快速给出答案，但通常错误率高，"沉思型"学生则需要经过深思熟虑再给出答案，但错误率相对较低。另外还可以根据焦虑水平划分为"高焦虑型"和"低焦虑型"——所谓焦虑，心理学上指"个体对某种预期会对他的自尊心构成潜在威胁的情境所产生的担忧反应或倾向"。根据不同的学习风格，需要相应的学习策略。例如，对于低焦虑水平的学生，适宜采用有较大压力的教学和测验，以促使他们的动机水平提高；对于高焦虑水平的学生，宜采用压力较小的教学和测验，以降低他们的动机唤醒水平，使之由高趋向中等。

(2) 学生特征与学习结果收集。

第一，在学生注册平台时，可以通过学习平台的问卷功能等获取年龄、性别、学历、毕业学校、所学专业等信息。

第二，学生选修某一门课程后，在开始学习课程内容前，开展诊断性测验，内容包括即将学习的课程的有关内容、前导课程的有关内容、学习风格调查表单等，从而获得学生的初始能力和学习风格数据。

第三，学生在课程学习过程中会产生各类数据。学生在学习课程过程中需要登录平台、观看学习资源、完成作业、参加测试、参加讨论等，这些活动留下的数据可以分为以下两类：

首先，"行为类"数据，包括登录次数、在课程中停留的时间、观看学习资源的时间、参加测试的时间、各类学习任务的完成情况。行为类数据暗含了学生的学习风格，例如学习时间的习惯——学生通常在什么时间访问课程（如某学生通常在晚上 9 点以后学习）；学习顺序的习惯（如某学生通常先做测试再看视频）；学习的积极性和持久性——是否一直按时完成学习任务（如某学生从不参与讨论，且尽管允许多次测验，但仅尝试 1 次；某学生观看视频的次数都超过 1 次）等；学习的主动性——观看视频的长度、焦虑性的高低（成绩的变化数据以及发送提醒后的学习行为变化）等。

其次，"结果类"数据，包括各类有得分或等级的学习活动结果，如测试得分、作业得分、学习排名等。"学习排名"的依据有多种，如按照完成率排名或者按照课程综合成绩排名等。如果按照完成率排名，则"学习排名"属于行为类数据；如果按照课程综合成绩排名，则"学习排名"兼有"行为"和"结果"两种属性。

3. 学生数据的处理分析

根据收集的各类数据，可运用多种方法计算和分析学生的学习状态评分。分析方法包括统计分析、机器学习的方法以及教育心理学的定性分析方法等。学习状态评分包括学习特征的综合得分和学习成果的综合得分。学习特征的综合得分用于确定学习策略，学习成果的综合得分用于推荐下一个知识点。

学习特征的综合得分需要根据表单收集的学生的一般特征和学习风格，以及学习过程中的学习习惯等，构建学习者特征库和学习策略库。可将学生特征划分为学生的特征集合 $F = \{f_1, f_2, \cdots, f_x\}$，共有 x 个维度的学生特征，每个特征对应一个权重 $w_l (0 \leq w_l \leq 1)$，将每个特征与权重相乘后累加得到 $\sum_{l=1}^{x}(f_l \times w_l)$。每个维度可以为积极性、自我控制能力、焦虑程度、独立学习习惯等，将年龄、性别、专业、学历、职业等一般特征对应到相应的维度中并给予相应的评分或评级，根据评分给予不同的学习策略。以自我控制能力维度为例，年龄较大的或学历越高的学习者通常自我控制能力较强，可以根据年龄和学历折算为相应分值或等级；此外，可根据学习者在学习平台中的学习轨迹折算，如将学习任务完成率折算为积极性分值或等级。因此，学习者学习的过程数据将影响每个维度的学生特征，且特征会动态变化。根据每个维度的特征值，需要给予相应的学习策略。例如，对于自我控制能力分值低的学习者，给予更多的提醒、设置小组任务和多给予鼓励等。

学习成果的综合得分则需要对学生已经完成的测验和作业等量化的活动进行统计和分析。对于成绩高的学生，推荐更高难度的知识点，如果当前节点已经学习完，则推荐下一个节点的知识点。

六、基于慕课的高校混合式教学实践

（一）基于慕课的课程总体实施方案

课程改革的总体实施方案应在课程开始前完成并上交教学主管部门。通过课程改革方案，教务部门可以了解为什么要进行改革、究竟如何改革、预计的成效、需要学校提供何种支持等。

1. 明确课程改革的背景以及目标

改革的背景通常是目前的课程教学不能适应人才培养的需要，课程质量有待提高，具体而言，通常是课程内容、教学方法和手段等需要调整。例如，某学校的高校计算机基础改革的背景为：围绕学校办学定位和应用型人才培养的目标，适应信息化时代的人才培养特点及其新的要求，培养学生的计算机应用能力及信息素养，进一步深化教学改革，强化实践、突出应用，开展基于MOOC的高校计算机基础课程教学改革，以促进高校计算机基础课程教学质量的根本提升。

相应地，要说明改革的目标。改革的总体目标则是通过改革提升课程质量，但具体体现在哪些方面在改革方案中应有所描述。例如，提高学生对信息技术的兴趣和敏感性，提高学生的学习积极性，培养学生利用网络开展学习的习惯，改善学生的自我控制能力等。此外，还应说明如何检测改革的目标是否达成，如可以通过调查问卷和学生课程成绩等分析改革成效是否达成。

2. 明确课程改革的内容以及对象

课程改革实施方案应包括课程改革的背景、课程课时的调整、课程内容的调整、课程教学方法、课程评价方式、相关支持条件等内容。

（1）实施的对象。改革方案中需要说明改革方案的实施对象，通常为某年级的某个或多个专业的学生，有时需要做对比实验，可将一部分学生作为改革实施对象（即实验班），再选择一些学生不进行改革（即对照班）。为了客观公正地分析改革效果，在分班时应保证实验班和对照班在统计学上是没有区别的。

例如，某公共基础课程在进行改革时，在工学、管理学、艺术类、教育学专业选择班级进行试点，分别选择机械设计与制造（工学）、金融工程（管理学）、小学教育（教育学）、美术学（艺术类）这些专业。每个专业均有两个以上班级，选择一个班级为实验班，另一个为对照班，对比开展改革后的数据信息。

（2）学分和考核方式。

第一，说明改革前后课程的课时和学分变化。例如，开展基于MOOC的混合教学改革后，理论课时和实验课时是否改变，学分是否需要调整。通常在改革后，学生需要在线上自主学习相关内容，需要花费数个小时进行学习。因此，线下学习环节（主要是理论课堂）的课时要适当减少，以保证改革前后学生的学习时间不显著增加。

第二，说明考核方式的改革方式。开展基于MOOC的混合教学改革后，增加了线上学习环节，理论课堂也相应地进行了翻转等改革，课程的考核方式必然需要改变。例如，课程最终成绩来自多个学习环节的成绩，过程性评价的成绩比例增加，期末考试等总结性评价的成绩比例要适当减少。每项成绩的评价方法都应说明具体的评分方法。

（3）课程的进度。说明课程每周的学习内容和具体进度安排，包括时间进度、每周的教学环节安排。任务设置及时间安排等应遵循一致的规则，从而便于学生记忆和遵循。此外，由于开展翻转课堂活动需要学生提前完成相关任务，因此在排课时，应考虑到学生有一周左右的时间完成任务，如果能安排在实践环节后，则在翻转课堂上就能将理论和实践操作的内容一起进行设计。

3. 明确支持课程改革的条件

开展教学改革无疑需要教师投入更多的精力，同时还可能需要相关经费用于鼓励和奖励学生。因此，需要在改革方案中明确需要的经费和政策支持。尽管不同学校的政策有差异，但大多可以采用"折合工作量"的方法，即将教师在课程改革中的工作量折合为教学工作量，或者直接在该课程原有课时的基础上乘以加倍系数。例如，某课程原有课时为28（理论）+28（实验），开展基于 MOOC 的教学改革后，理论课程调整为 14 课时但采取翻转课堂模式进行，实验课时不变但增加了线上学习活动。

（二）基于慕课的线上学习组织及实施

线上学习设计包括：线上学习资源的发布时机、组织与展现方式、学习进度的控制方式、线上学习成绩的计算及比例设置等。

1. 线上资源的整合发布

线上资源包括课程简介和各章内容，每章内容包括若干节，每节包括若干视频、视频后的 Quiz、参考资料，每章则包括作业、测验、讨论等。每节包括 1 个或多个短视频，每个视频播放过程中会弹出一个选择题，学生回答正确后才能继续观看视频。视频结束后学生需要完成本视频内容相关的小测试，一般包括选择题。

在线上和线下学习的过程中，学生难免会遇到问题，这些问题可能是学习平台使用中的问题，也可能是学习内容方面的问题，还可能是学习方法、作业要求、成绩评价等方面的问题。帮助学生解决这些问题将有助于学生完成课程的学习目标。让学生掌握获取帮助的方法具体如下：

（1）在学习平台中显著地说明平台使用方法和常见问题，文档应简洁、易于理解，给予相关实例，并不断更新增加最新的热点问题。

（2）明确作业、实验和测试等的质量标准及得分计算方法，在课程基本资料中明确说明课程的持续周数、达标要求、成绩计算方法、证书获取方式、线下活动的安排；在每章学习内容中提供"导学"，概要介绍本章或本周的学习内容，告知学生需要完成的学习任务。

（3）合理设计论坛，分章节或主题设立子讨论区，专门设置一个学习方法的子讨论区，例如，按照章节设置多个子讨论区，并设置类似于"平台使用"的子讨论区供学生交流平台使用本身的问题等。此外，教师团队和学生助教应做好网上答疑的安排，并及时收集学生提出的集中问题等，给予及时的、全面的解答。

2. 线上学习的过程管控

确定了课程资源的组织形式后，还需要对学生的线上学习过程和方式进行设计，例如，学习资源是一次性发布，还是每周发布一部分；学生可以自由访问所有课程资源，还是只能学习本周的内容；视频观看时是否允许拖动或加速；作业提交和测验是否设置截止时间等。

（1）课程资源的发布设置。资源可以一次性全部发布；也可以每周发布近期学习的章节内容；还可以一次性上传全部资源但设置在特定时间内才能访问。第一种做法的好处是让学生可以自由学习课程的所有内容；后两种方式则对学生的学习进度有统一的总体安排，让学生只能学习部分内容，有助于集中精力完成眼前的学习任务。线上学习相关的资源和活动的发布建议时间见表6-3。

表6-3 线上学习的相关资源及活动发布时间

资源、活动		发布时间	MOOC	SPOC
课程基本信息	课程基本信息	课程开始时	√	√
	MOOC 大纲	课程开始时	√	√
	内容关系图	课程开始时	√	√
	各章导学	本章内容开始时	√	√
视频	各章视频	本章内容开始时	√	√
测验	视频中的小测验	本章内容开始时	√	√
	视频后的小测验	本章内容开始时	√	√
作业	章（节）作业	本章（节）开始时	√	√
实验	章（节）实验	本章（节）开始时	√	√
讨论	通用讨论	课程开始时	√	√
	章（节）讨论	本章（节）开始时	√	√
参考资料	章（节）参考资料	本章（节）开始时	√	√
平台准备	教师账号及权限	课程开始时	√	√
	学生账号及权限	课程开始时	/	√
	与教务等系统对接	课程开始时	/	√
实体课堂活动	当堂测验	课堂进行中由教师确定开始时间	/	√
	调查问卷	课堂进行中由教师确定开始时间	/	√
	课堂反馈	课堂开始时	/	√

（2）学习资源的访问模式。课程资源内容可设置两种访问模式——自由学习模式和闯关模式，两种方式的本质区别为：前者为学生自主控制进度，后者由教师和学生共同控制进度。

第一，自由学习模式。学生可自由选择学习活动进行学习，这种模式又分为两种：完全自由式和半自由式。完全自由式为学习任务仅设置一个截止时间，在此时间之前，所有学习资源均可以自由访问。半自由式为每个章节均设置学习任务的截止时间，如作业、测验、视频等在本章截止时间前可以自由访问，超过时间后则无法访问，即实现特定时间内的自由访问。具体如何设置可以根据课程需要，例如，设置视频在课程截止时间前自由访问、作业和测验在本章截止时间前自由访问等，通过以上分析可见，在半自由式学习模式下，学生可以超前完成学习任务，即对于截止时间前的内容，学生可以自由学习，而对于截止时间后的内容，是无法自由学习的。

第二，闯关学习模式。每个视频、测试、作业都可设置为闯关节点，学生完成当前节点的任务后才能打开下一个任务的内容。例如，完成第一章的视频观看任务后，才能提交本章作业，接下来才能进行本章的测试，完成测试或测试满一定分数后才能进入第二章。在闯关学习模式下，同样可以设置学习任务的截止时间（如设置各章的作业截止时间），那么如果学生学习进度慢了，可能会出现这样的情况——好容易到达提交作业这个节点，但作业截止时间已经到了，无法提交作业了，这就会造成本次作业没有分数，而作业通常是课程成绩的一部分，从而会影响课程的最终成绩。

3. 线上学习的激励方法

（1）营造学习氛围。需要通过一些途径解决"孤独学习"的问题，即如何营造"浓浓的"学习氛围。无论是自由学习模式还是闯关学习模式，都可以在学习平台登录成功后的首页中自动展示类似如下的信息：

形式一：今日已有394名学生进入课程学习，看看他们是谁？

形式二：××同学您好！您的课程学习进度为28%，目前课程得分23分，已经超过了35%的学生，继续加油！

形式三：该课程共有2345人学习，您目前学习名次为243名，本周您的学习排名前进了29名，祝贺！

形式四：××同学您好！您完成了本周的各项学习任务，顺利获得学习勋章1枚，目前共有勋章3枚！

形式五：您的小组学习伙伴××学习名次为180名，××名次为1103名。

形式六：××同学您好！您第5周的任务没有完成，存在困难吗？请联系课程团队的老师。

形式七：××同学您好！本周的学习任务为：完成第 2 章的视频、章节测验，提交作业，在讨论区发起或回复两个帖子。本周四有线下活动，需要按小组汇报"我推荐的两款笔记本计算机"。

形式八：特别提醒——作业二 3 月 24 日 23 点截止，测试二 3 月 28 日 24 点截止。

在上述信息中，有个人的学习数据，也有本课程其他学习人员的数据；有课程提醒数据，也有及时的奖励和鼓励信息。这营造了多人在学习的氛围，有利于促进学生的学习。各类排名数据的作用是让学生了解自己和同学的学习情况。课程开始时大家的起步相同，但随着学习的进展，有的学生完成的学习任务质量更高，其姓名就会排在前列。排名对这些优秀学生是鼓励，对其他学生则是一种刺激和压力。为了吸引学生，上述提示还可以参考游戏中的排名效果，以动态图片等呈现。

（2）利用多重途径送达重要信息。针对所有学生，课程教师团队需要设置提醒，推送学习任务、近期截止的任务、平台升级等重要提示，帮助学生及时完成任务。可以通过邮件发送到学生的个人邮箱；可以设置站内消息，当学生登录平台时即可看到醒目提醒；还可以通过与第三方通信平台对接，实现直接发送短信、微信到学生手机。

（3）布置多人完成的学习任务。采取小组合作的方式进行，可以由学生自己选择小组学习伙伴。如果为本校学生，小组成员可以选择一起观看视频、一起完成学习任务。这样不仅可以方便地进行讨论，还能提高学习效率，能有效避免"视频看了一遍似乎懂了，但做题还是不会"的情况。在线下活动时，小组成员仍需要按小组共同讨论、汇报。这样，线上、线下的学习活动中都有小组成员互动，与个人自学相比，有了多种促进因素。

（4）发布优秀学生的学习事迹。课程教师团队可以在学习平台的课程公告栏目中公布优秀学生的信息，以鼓励学习者。由于公告栏中的信息是公开的，因此本课程的所有学习者均可访问，具有类似"光荣榜"的作用。

（5）通过线下激励手段促进线上学习。在混合教学中，教师可以在线下环节中表扬按时完成学习任务的学生（如在教室中读出他们的姓名或者投影出他们的照片），对于学习进步显著者、学习成绩优秀者也需要进行表扬。对于无法按时完成学习任务的学生，教师可以单独约谈，了解原因并给予帮助。通过面对面环节中教师的表扬、鼓励、感情联系等方式，激励学生在后续的线上学习中提升积极主动性。

（6）借鉴游戏激励机制。进行学习激励可以充分利用游戏学习的思想。例如，台湾高校叶丙成老师的"概率"（类似于"概率论"）课程，教师将 Coursera 中的 MOOC 与自主开发的 PaGamO 游戏软件相结合，采用了游戏学习的方式——学生答对的题目越多，获得的领地也越大。参与 PaGamO 游戏的学生每天都能看到自己的 World Wide Ranking（世界排名），已经有全球几十万学生沉迷于此，该课程也成为 MOOC 平台上最受欢迎的课程之一。

在线上学习中，课程团队可以设置完成某个任务点后，即可获得积分、虚拟勋章以及获得观看某些资源的权利等；也可以将学习平台与第三方游戏平台对接，学习成绩越高、进度越好的学生能够在游戏中获得更多资源（如更多领地、更多的菜地、更高级的树木），但不适合采用格斗、动作、冒险类等密切交互类游戏，较适合采用养成类（如养殖植物、领地占领）等简单温和型游戏。

4. 线上学习的评价形式

线上学习的评价应尽可能对学生的各类线上学习活动进行评价，包括停留在平台的时间、观看视频的情况、作业和测试的成绩、任务的完成时间、参与讨论的情况等。这些活动均可量化成得分，加权后计入学生的课程成绩中。

（1）评价的量化方式。可以将每个单项的学习活动均按100分计算，各单项加权合计后得到总分。其中，客观题的测验自动得到评分，主观题作业或测试通过教师评阅或学生互评也能获得量化得分。观看视频情况可以设置"已经观看完成的百分比"作为视频观看的得分，如观看80%得80分、全部观看得100分等。讨论区的得分相对复杂，可以根据发帖数（自己发出的帖子数量）、回帖数（回复他人帖子的数量）、点赞数（发帖或回帖被点赞的次数和）、发帖回帖的字数、帖子相关度等计算出得分。以下为讨论区得分的计算方法：

第一步：从学习平台中统计出每个学生讨论的相关数据 D_i（发帖数、回帖数、发帖回帖字数和点赞数等）。

第二步：对所有学生的每个讨论相关数据进行线性插值，可根据需要设置插值后最低分和最高分。

第三步：将各项得分加权相加，即可得到讨论区活动的得分。

完成后，为了防止个别帖子字数过多、个别学生发帖数较高等造成结果偏差，教师可以对这些帖子和学生重点查看并人工调整最后得分。当然，如果为了更加精确地对讨论情况进行评分，还需要借助自然语言处理技术，如对发帖、回帖内容的相关度进行评分。

（2）评价的权重设置。可以根据每个活动的独立性、对学生成绩的体现度、成绩的可信度这些方面来设定权重。

如果需要得到非常恰当的权重设置，还需要反复进行试验，可采用统计分析、数据挖掘等方法进行分析和比较。此外，每个成绩项目的成绩也可能是经过处理折算得到的，其折算过程也涉及权重的分配，这些权重设置都可以在实验分析后确定。

（三）基于慕课的混合式课堂实践——以翻转课堂为例

MOOC兴起之后，基于MOOC开展翻转课堂成为国内外教育改革的新浪潮，为教与学的改革提供了新的思路。"翻转"能否成功取决于学生课前的准备，更取决于教师的设计。教师需要让学生课前多做准备、课中保持注意力，记录课程中的各类数据，并为下一次翻转课堂提供准备。

翻转课堂起源于2007年，由美国知名教师乔纳森·伯格曼和亚伦·萨姆斯提出。乔纳森·伯格曼被人们誉为"翻转课堂先行者"，曾获得美国数学和科学卓越教学总统奖，他和亚伦·萨姆斯合著了《翻转课堂与慕课教学：一场正在到来的教育变革》和《翻转学习：如何更好地实践翻转课堂与慕课教学》等热门书籍。

第一，翻转课堂是通过加强课下的学习活动并相应改变课堂教学活动，通过课前的自学、课中的翻转和课后复习三个环节，实现深度学习和适应学生个性化发展需要的课堂教学形式。其中课下的学习活动可以采用在线学习或非在线学习方式，但在线学习方式具有能够记录和管理学习情况等功能，有更显著的优势。

第二，在课下的自学活动中，学生首次接触学习内容，在课上再通过翻转课堂活动促进学习内容的迁移和内化。

第三，当采用在线学习作为课下环节而课上采用翻转课堂时，这样的学习就是一种混合学习；而当线上学习为MOOC课程时，这样的学习就是基于MOOC的混合学习。

第四，翻转课堂更适合高校生的学分课程，但对于任何课程，都可以在部分内容中采用翻转课堂的方式进行教学。关于一门课程是完全采用翻转方式还是部分翻转的方式，需要根据课程内容、学生的特点等因素进行综合考虑。

相对于翻转课堂，还有一种更易于实施的课堂形式，我们将其称为"混合课堂"。不同于翻转课堂，在混合课堂上教师可能带领学生学习新课内容。例如，45分钟的课堂，课前并不要求学生自学或要求自学但学生未能完成，这时教师会在课堂上讲授课程的重难点内容。教师当堂安排测试、作业（个人或小组）和讨论等环节，较为容易的内容安排学生课后自学。课堂上测试的内容为刚刚讲解的内容，测试成绩可以不计入课程总成绩；如果为阶段性测试（如对本章内容的测试、期中测试或期末测试），则测试成绩建议计入课程总成绩。这样的课堂由于在课上初次接触课程内容，因此不再是标准的翻转课堂，但是借鉴了翻转课堂的思想，也适合学生未能很好完成自学任务的情况，所以具有更大的灵活性，同样有可能获得较好的教学效果。

我们以"课下""课上"为观测点，从活动和感受两方面对比翻转课堂和传统课堂，来进一步观察翻转课堂带来的改变，见表6-4。

表 6-4 翻转课堂与传统课堂的对比

观测点	翻转课堂				传统课堂			
	教师活动	教师感受	学生活动	学生感受	教师活动	教师感受	学生活动	学生感受
课下	组织线上资源和活动，设计翻转课堂活动，收集线上学习信息	任务较重	学习指定资源，进行线上讨论、小测验	有压力	熟悉教学内容，制作教学课件	任务量适中	建议预习，但其实可以什么也不做	没有压力
课上	针对性地讲解学生理解困难的内容，组织讨论等交互活动等	从容不迫，有更多时间关注学生	听讲、答题、回答提问、参与小组活动	大部分时间不得不参与。教师注意力主要在学生身上，有压力	讲解全部内容，有少量的课堂测试和讨论	赶进度，没有足够时间关注学生	积极学生大部分时间主动参与；被动学生随时可能游离于课堂之外	教师注意力主要在课堂内容上，没有压力

通过上述分析，翻转课堂与传统课堂相比可总结为"三变"和"两不变"。"三变"是指课堂上师生角色的变化——教师为主体转变为学生为主体；课堂任务的变化——从讲授知识转变为促进知识的深入理解；课堂环境的变化——软硬件环境的支持才能有效开展翻转的活动。"两不变"则指在课堂上开展的活动类型是相通的，即翻转课堂上开展的很多活动与传统课堂相同，如测试、讨论等。在一门课最初转变为翻转课堂模式时，教师的工作总量是增加的，但是当课程多次开设后，平均每门课的时间投入将逐渐降低，特别是采用多校合作共建共享的方式，教师的平均工作量可能会低于传统教学。

1. 开展翻转课堂的主要优势

对比传统课堂和翻转课堂可以发现，教师和学生的角色都发生了改变，教师不再是传统的主讲者，而是全面了解课程内容、了解学生和主导课堂的中心。但在教学方法上，翻转课堂和传统课堂并无显著差异。传统教学方法包括讲授法、演示法、谈话法、讨论法、练习法和实验法。只是在实际的课堂教学中老师们普遍选择了讲授、演示这样的方法；在习题课上通常采用练习法，但更多的还是在讲解习题；在实验课中才会采用实验法；讨论法、谈话法等很少会被采用。

在翻转课堂中可以开展的活动特点是都需要学生参与，如提问、测验、讨论、汇报等。同时，由于学生在这些活动中都有表现，需要答题、思考、发表观点等，这些活动有的直接可以得出分数，有的则可以由教师或同伴给出评级，分数或等级均可以计入课程成绩。而在传统课堂中，大部分时间是教师在教授，少数学生被提问，很难对学生的课堂表现进行评价。因此，在激励和评价机制的作用下，翻转课堂上学生就"活"起来了，教师并不需要时时刻刻讲解，自然也不会围着讲台活动，而是会出现在任何学生面前，这样教室也就"活"起来了。课堂上的学生和老师都活了，课堂就活了，学生的积极参与将获得更好的学习效果。

表6-5 传统课堂教学方法与不同教学目标的适应性

教学方法	记忆事实	记忆概念	记忆程序	记忆原理	运用概念	运用程序	运用原理	发现概念	发现程序	发现原理
讲授法	△	★	••	★	★	••	□	□	••	□
演示法	★	••	••	••	••	□	••	••	★	••
谈话法	A	★	□	★	★	••	□	□	••	□
讨论法	□	△	□	□	★	□	★	••	△	□
练习法	••	□	★	★	□	★	□	□	△	△
实验法	★	△	□	••	△	★	□	□	••	★

图例说明：★最好 □较好 △一般 □不定

在实际教学活动中，绝大多数教师都采用讲授法，但讲授法并不符合人的认知规律，人们很难长时期保持高度注意力，因此讲授法通常令人乏味，主动性不够的学生的学习效果不佳。对于应用型高校而言，大部分学生的学习主动性不够，又缺乏自主学习的能力，因此学习效果不佳。分析其原因：一方面是因为讲授是最有效率的方式，课程能够保证进度；另一方面，讲授方式是教师最熟悉的方式，这种方式伴随了教师自己的学习经历，是最自然的、最方便的方式——教师自己主导、无人打扰，只要按照原来的设计讲解即可，因此讲授法高效而易行。

在批评讲授法的同时，我们也发现，如果是同一位优秀的教师，对教学内容非常熟悉，对传统教学方法非常熟悉，具有高超的语言艺术和个人魅力，且教学内容为对抽象思维和实践训练要求较少的文史类知识，那么采用讲授法等传统教学方法依然能达到很好的教学效果，例如，北京师范高校的于丹教授、上海复旦高校的陈果老师等。然而，大部分老师即使对教学内容非常熟悉，也很难通过口头讲授就能达到很好的教学效果。对于操作实践性强的工科等类型课程，即使听懂了，却依然不会做。因此，结合课下的自主学习（如MOOC等线上学习形式）将帮助大部分老师达到更好的教学效果。在翻转课堂的课堂教学模式提出之初，一些学者为翻转的理念而激动欣喜，认为传统课堂的种种问题在翻转的课堂中将迎刃而解。但随着教学工作者的实践，翻转课堂的应用普遍有这样的观点——开展起来比传统课堂要复杂得多，与传统课堂教学相比教师要增加很多负担，翻转课堂仅适合于特定的课程内容和特定的对象等。

对于在校生而言，如果教师是优秀的，那么他们更喜欢教师在课堂上讲解，而在在线学习平台中开展测试、讨论等活动，如果课堂上没有听懂，再针对性地选择相关视频观看。或者，只要教师的专业水平和教学设计足够好——熟悉课程内容且教学过程及案例均有较好的设计，那么在课堂上采取传统的"先讲授新知识，再练习巩固"的方式，其效果可能并不比翻转课堂差，尤其是对于那些学习主动性强的学生。当然这一点还需要根据大量的教学实验结果进行分析。

然而在现实中，名师的数量毕竟有限，绝大多数学生在实体课堂上见到的是普通教师。如果学生明显感觉课程学习得不满意，那么采用线下学习配合翻转课堂就是一种自然的选择。但是，学生仅仅在MOOC平台上学习课程，其学习成效未必能超过普通教师传统课堂的效果，传统课堂的仪式感让学生首先都会"身临课堂"，教师教学水平高，学生才能"身心均入课堂"。相比较而言，对于MOOC的线上学习，如何让学生定期打开MOOC课程的网站，即"身临课堂"，已经非常不易；进一步地，如果没有实体课堂中的环境影响，全凭学生个人的主观自觉完成视频观看、测试等一系列任务，即实现"心在课堂"，更加不易。

综上所述，可以将翻转课堂的观点总结如下：

（1）无论对于学生还是老师而言，面对面的课堂都非常重要。统一时间的课堂教学具有高效率和较强的纪律性，所以课堂仍然是目前学习者的重要学习场所。课堂可以是理论课，也可以是实训场所。对于许多学生而言，尤其是未成年的学生而言，课堂是正式学习的活动，是不可缺席的，学生需要通过课堂与同学建立联系；对教师而言，课堂是体现教师威信的场所——演讲的讲课形式给学生以威严的感觉、教师对内容的专业把握可以树立学术威信；课堂是建立师生感情的场所——师生的目光和语言交流促进师生的感情联系，如建立学生对教师的真实印象、拉近师生的距离、让学生在学习课程中感受到教师的期望和要求，而这些都是促进学生成效提升的重要因素。

（2）对于具有超高语言艺术和专业水平的教师而言，是否采用翻转课堂的方式对他们的课堂教学效果影响较小。但是，对于大多数应用型高校的教师和学生而言，通过采用翻转课堂来改革教学带来的影响却是巨大的，这些学校的老师和学生人数占据了整个高等教育的大多数。

（3）对于许多学习者而言，如果教师是优秀的，那么传统的教师讲解为主的课堂同样受欢迎。对于具有良好的自学能力和自我控制能力的学生而言，是否采用翻转课堂等教学方式对他们的学习成效影响相对较小。

2. 翻转课堂的成功必要因素

翻转课堂的成功开展需要教师不仅对教学内容非常熟悉——不怕学生提问，还需要较好的课堂组织能力——还要组织学生跟着自己设计的路线走。然而，对于一名新教师或者初次担任课程教学的教师而言，普遍面临课堂组织能力不足的问题，在课堂上更多关注的是如何将课程内容讲解清楚，成功开展翻转课堂有一定难度。因此，需要学校组织对教师进行翻转课堂教学设计的培训，培训本身可以采用翻转的形式进行，要求老师学习翻转课堂的相关资料，如北京师范高校汪琼老师的翻转课堂MOOC。学校可以组织翻转课堂的示范课，以微格训练等方式进行实际训练，组织教师开展研讨等。翻转课堂的成功开展还需要学生理解活动开展的背景和意义。此外，还需要教室中软硬件的支持，班级的编排等方面也需要相应的调整，最后学校还应有相应的政策支持。

目前，绝大多数学生从学前教育到高校教育，都在人数较多的班级中学习，加上教师普遍采用讲授式并要求学生课堂上安静听讲遵守纪律，这样当学生进入高校时，已经形成了课堂上"安静听讲"的习惯，这可能是影响翻转课堂效果的重要因素。所以在进行课堂活动设计时，如"学生提问"等活动可以设计为通过学习平台、弹幕等方式提问，而不是让学生在同学的"众目睽睽"下站起来提问。

翻转课堂不需要也很难在所有课程中进行。翻转课堂需要学生在"翻转"之前就学习了相关内容，学习方式可以是学生个人独立学习或者小组合作进行学习；可以是阅读书本，也可以是观看学习平台中的视频等资料。书本、视频等学习资料的内容和形式应能吸引学生，这样才能让学生较好地完成课前学习的任务。然而，即使一个学期仅一门课程采用基于MOOC的混合教学改革，即要求学生每周提前学习课程的学习资料，学生也依然觉得压力较大。可以想象，如果每一门课都按照这样的方式进行学习，对学生而言，要完成自学任务具有较大的挑战。因此，在实际应用中，更为可行的方式是，在课程中选择部分章节进行翻转，让学生课前学习这些内容，在课堂上开展翻转课堂的活动，作为翻转课堂的内容应该是课程的重点或难点内容。

3. 翻转课堂的相关教学设计

为了有效实施翻转课堂，首先需要进一步厘清翻转课堂中教与学是如何发生的，基于翻转课堂课前的任务设计、课堂活动设计以及教师与学生角色等维度，研究如何设计才能更好地发挥翻转课堂优势和避免劣势，对于利用哪些策略能够辅助翻转课堂的实施等问题进行深入思考与探究。

在传统课堂中，教学设计是教师在课堂开始前对教学内容、学习对象进行全面设计的活动。第一步是"前期分析"，根据学生的学习基础和学习特征确定本讲的教学内容；第二步是"教学目标设计"，清晰地描述本次课完成后要达到的教学目标，包括知识、技能和态度（或情感）三个方面，当然有时某一次课可能只涉及其中一个或两个方面；第三步是教学策略设计，包括本次课的教学内容按什么顺序讲解，教学活动的程序，组织形式（班级授课还是小组学习等），教学方法（讲授法还是讨论法等），教学媒体（板书还是多媒体等）；第四步为教学评价，包括课堂中对学生活动的评价方法（主观判断或设计试卷等进行评价）。

参考传统课堂的教学设计步骤，可以将翻转课堂活动分为课前、课中和课后三个环节，由于"课后"也是下一次课的"课前"（最后一次课除外），因此我们将课后的"总结上次课堂"活动纳入"课前"中。我们假设线上学习的资源在某次课前已经完成，因此不包括线上资源的制作等工作。开展课中活动前，教师根据课前的准备制作教学课件供翻转课堂使用，该课件根据翻转活动的安排进行内容组织。

翻转课堂开始前（课前），教师首先需要总结上次课堂，包括整理课堂活动的记分、总结存在的不足等，然后设计近期的线上学习活动（线上学习活动可能在开课前已经全部设计好了，但实际教学中可能需要进行调整）；其次是熟悉教学内容、在线指导学生（在线学习或非在线学习）并收集学生学习的情况；再次，根据教学进度中本次课的目标和学生的学习情况，确定教学目标并设计具体的翻转课堂活动（包括活动类型是小组活动还是个人活动，具体活动类型，采用什么媒体，如何评价每种活动中学生的表现等）。学生则根据教师的要求开展在线学习或者其他非在线的学习形式。

翻转课堂开始后（课中），教师和学生共处翻转课堂，通过面向个人或面向小组的活动达到课程教学目标。

（1）课前的教学设计。对于基于 MOOC 的混合学习，学生在完成线上学习后，课堂上不应该仍采用传统的、以教师为主体的教学方式，而是在课堂教学中开展全部翻转课堂教学活动。教师的准备工作为收集学生的有关学习数据并基于这些数据进行翻转课堂的设计。如果需要了解学生线上活动的完成情况，可通过学习平台中的视频观看情况、作业提交率、测验完成率等获得相关数据。学生知识点掌握的情况可通过测试中错误率高的题目、讨论区中学生关注的问题等来了解。

学生学习情况的数据直接决定了翻转课堂上适合开展的活动。例如，如果大多数学生没有及时完成学习任务，则翻转课堂上就不能开展在线测试等活动。确定开展的活动后，还需要思考开展活动需要哪些环境的支持，需要学生提前做哪些准备。

学生的准备工作包括：在翻转课堂开展前需要完成哪些任务；通常需要完成视频的观看、参考资料的阅读；是否要将有关材料、计算机、手机等带到课堂。这些教师都应明确地提前告诉给学生。

（2）课中的教学设计。参考加涅的九步教学活动程序和 Robert Talbert 教授的翻转课堂实施模型，我们将翻转课堂上的教学过程分为导入、学习指导与评价、总结等三个阶段。

第一，导入阶段：简要介绍本次翻转课堂的各项活动及有关要求等。

第二，学习指导与评价阶段：该环节是翻转课堂活动的核心，包括面向个人和面向小组的活动。其中面向个人的活动包括课堂测验、重点提示、提问和答疑、学习情况反馈。面向小组的活动包括：作品展示、小组作业、小组讨论、同伴互评。一次课堂教学很难实施全部的活动，一般选择 2~3 种个人活动和 1~2 种小组活动。每种活动在设计时均应考虑效果评价、时间长短、教学媒体运营、与哪些重难点相关等。

第三，总结阶段：公布本次翻转课堂活动中个人及小组的得分情况。布置下一次翻转课堂的有关活动和要求，如小组作业、讨论议题等。

（3）实践课的教学设计。鉴于许多课程具有实践操作内容，因此线下学习环节中除了理论课，还有实验课等实践训练环节。在混合学习环境下，实践训练内容可以发布在学习平台，具体实验操作和训练在实验室中进行。部分实验实训也可以通过在线虚拟仿真软件在线上完成。

如果 MOOC 视频内容中已经包括了实验操作的讲解，则在实验课上的活动为：学生自行操作练习；针对实践内容的小测试，教师辅导学生实践；教师根据学生实践情况进行表扬和针对性指导。如果 MOOC 视频中未涉及实验操作，则教师需要对实验中的重难点、注意事项等进行讲解，然后学生按照实验内容进行操作练习。

根据课程实际情况，在学习平台中可以仅仅将实训项目发布出来，实验的活动及评价在线下完成，但这样课程的成绩就分散在多个环节中，不利于成绩的汇总和学生的评价。因此，一种建议的方式是将实验训练设置为作业，要求学生将实验作品以文件提交，再进行评分。此外，还可以将综合的设计型实验设置为竞赛，评分后对每次竞赛的优秀学生予以奖励，以赛促学。在实体的实验室课上也可以安排耗时短的小测试，反馈学生的学习进展等。配合虚拟仿真实验平台等软件，还可在线完成实验，并能自动评分。

4. 翻转课堂的具体活动实施

即使教学视频等学习资源质量很好，教师在课堂上仍然需要讲解，如讲解重难点、讲解出错多的习题和测试等。只是讲解在课堂中所占的比例较低，如不超过一半的课堂时间。为了便于教师实施，可将翻转课堂中的教学活动分为面向个人和面向小组的 8 个类型，每种活动的开展均应设置相应的内容与策略，包括在线学习统计及反馈、提问与答疑、重点讲解、课堂测验、作品展示、小组作业、小组讨论、同伴互评等，见表6-6。需要注意的是，每次翻转课堂只需要根据需要选择部分小组活动和个人活动，无须也难以开展全部的活动。

表6-6 翻转课堂的活动类型及实施策略

活动类型	活动形式	活动内容及实施策略
面向学生个人的活动	在线学习情况反馈	教师反馈学习平台中学生观看视频、测验、作业、讨论、学习排名等情况
	提问与答疑	策略1：教师提问学生并进行评价，成绩计入个人分数及所在小组得分 策略2：学生提出问题，学生间进行抢答。教师进行正确性评价，提问者及正确回答者均计入个人成绩
	重点讲解	讲解重点、难点，如学生讨论较多、答题错误较多的内容 策略1：教师讲解或演示 策略2：学生讲解或演示，学生的表现计入个人及小组成绩
	课堂测验	针对重难点的10题左右的Quiz，成绩当堂评出 策略1：在线测试、自动评分 策略2：纸质测试、同伴互评
	作品展示	策略1：展示当堂完成的小组或个人作业，师生共同评价 策略2：展示课前完成的作品，学生在学习平台中互评，得分计入成绩
面向学习小组的活动	小组作业	将学生分成小组，以小组为单位，在规定时间内完成任务，当堂进行评讲。得分计入小组成绩 策略1：基于软件的同伴互评 策略2：教师公布评价标准并进行评分
	小组讨论	教师课前布置讨论任务并将学生分组进行讨论或辩论。教师进行评价，得分计入小组成绩
	同伴互评	教师给出评分标准，学生之间互相评阅作业，得分计入个人成绩 策略1：基于软件的互评 策略2：手工互评

结合表6-5和表6-6，从传播学的角度看，传统课堂像是以教师为主的信息传播活动，学生大部分时间为接受者，只在很少时间内会在提问等活动中变为传播者向教师传播"掌握得如何"的信息。而翻转课堂更像是以学生为主的信息传播活动，通过测试、讨论、小组作业等活动向教师传播"掌握得如何"的信息。

参考文献

[1] 刘巧梅,郑媛媛. 高校混合式教学模式改革的推进[J]. 文教资料,2020(36):195.

[2] 刘亚春,曹远龙. 高等数学混合式教学的理论研究与实践探索[J]. 高教学刊,2022,8(20):75.

[3] 田宇. 线上线下混合式"专业英语"教学的设计与构建[J]. 科教导刊,2020(20):118.

[4] 余燕平,邹园萍. 高校混合式教学课程的学习评价体系探索[J]. 高教论坛,2019(11):23.

[5] 朱永海. 深度学习视角下混合教学系统化设计与体系化模式构建[J]. 中国电化教育,2021(11):77.

[6] 吴妮真. 基于网络教学平台的混合教学模式设计与实践探索[J]. 科技视界,2021(11):123.

[7] 郑如薇. 基于教育信息化背景下高校英语混合式教学模式研究[J]. 科学咨询,2021(49):138.

[8] 程蹊. "一个模式、四大融合"混合式教学的理论与实践[J]. 武汉冶金管理干部学院学报,2021,31(4):29.

[9] 梁中锋,翟炎杰,李小娟. 基于网络学习空间的混合教学设计与实践[J]. 中国成人教育,2018(5):101.

[10] 梁斌. 基于云教育线上线下混合教学的研究分析[J]. 新课程,2021(17):27.

[11] 温玉卓. 基于"互联网+教育"背景下高校混合式教学模式构建研究[J]. 大众科技,2019,21(1):84.

[12] 陈利达. 基于高校微课教学资源运用的混合式教学模式探索[J]. 智库时代,2021(12):171.

[13] 孙渝莉,刘瑞. 国内高校混合式教学研究综述[J]. 重庆交通大学学报(社会科学版),2022,22(4):96.

[14] 吴岩. 高校混合式教学模式的内涵与改革[J]. 西部素质教育,2022,8(5):150.

[15] 王凡. 浅谈高校混合式教学的策略 [J]. 山西青年, 2022 (1): 147.

[16] 郭耀红. 高校混合式教学现状与问题研究 [J]. 山西青年, 2021 (24): 31.

[17] 王英淇, 许炜, 黄清源, 等. 基于学生视角的应用型本科高校混合式教学研究 [J]. 科教导刊, 2022 (18): 1.

[18] 张倩, 马秀鹏. 后疫情时期高校混合式教学模式的构建与建议 [J]. 江苏高教, 2021 (2): 93.

[19] 曹海艳, 孙跃东, 罗尧成, 等. 高校混合式教学改革的推进策略研究 [J]. 化工高等教育, 2022, 39 (2): 12.

[20] 吴卫成. 应用型高校混合式教学模式研究与实践——以智慧课堂教学平台为例 [J]. 科技资讯, 2022, 20 (18): 197.

[21] 曲庆红. MOOC环境下高校混合式教学模式的教学改革探索与实践 [J]. 人文之友, 2021 (4): 190.

[22] 吴耀熙. 高校混合式教学的动因与困境 [J]. 科技视界, 2021 (32): 143.

[23] 涂春梅. 基于"对分课堂"的高校混合式教学模式探索 [J]. 成才之路, 2022 (16): 10.

[24] 徐岩. 高校混合式教学线上线下课堂提问的差异及对策探析 [J]. 中外交流, 2021, 28 (2): 7.

[25] 冯冬石, 杨硕. 高校混合式教学模式改革推进策略 [J]. 中国高新区, 2019 (14): 45.

[26] 刘丽, 尹进田. 高校混合式教学模式改革探讨 [J]. 现代经济信息, 2018 (22): 415.

[27] 周依然. 智能信息化背景下高校混合式教学课程改革研究 [J]. 湖北开放职业学院学报, 2021, 34 (5): 142.

[28] 夏光美, 薛菁雯, 吕高金, 等. 高校混合式教学现状调查及分析 [J]. 科教导刊, 2021 (29): 180.

[29] 那琳, 贾凯. 高校混合式教学影响因素及策略研究 [J]. 科学咨询, 2022 (2): 31.

[30] 李利, 高燕红. 促进深度学习的高校混合式教学设计研究 [J]. 黑龙江高教研究, 2021, 39 (5): 148.

[31] 梅雪莹. 高校混合式教学模式改革对策研究 [J]. 产业与科技论坛, 2021, 20 (15): 172.

[32] 黄景文, 杨瑞琪. 技术创新视域下高校混合式教学的优化路径 [J]. 中国教育信息

化,2022,28(9):52.